나의 단단한 어휘력과 표현력을 위한

깨닫고 ──── 성찰하는
사자성어 명언 필사

나의 단단한 어휘력과 표현력을 위한

깨닫고 ──── 성찰하는

사자성어 명언 필사

김한수 지음

들어가며

우리는 매일 세상과 소통하며 살아갑니다. 말과 글은 그 소통의 가장 중요한 도구이자, 우리의 생각과 감정을 전달하는 창입니다.

하지만 때로는 단순한 말과 글로는 표현하기 어려운 깊은 의미와 감정이 있습니다. 그럴 때 사자성어는 우리의 생각을 함축적이고 강렬하게 전달하는 데 큰 힘을 발휘합니다.

사자성어는 단순한 네 글자가 아니라, 수천 년의 역사와 지혜가 담긴 보석과 같습니다. 이 책은 그 보석 같은 사자성어를 통해 세상과 더 깊이 소통하고, 나아가 자신의 어휘와 표현력을 한층 더 풍부하게 만드는 데 도움을 주고자 기획되었습니다.

이 책은 사자성어를 배우는 것을 넘어, 그 사자성어와 어울리는 세계적인 명언들을 함께 소개합니다. 사자성어는 동양의 지혜를, 명언은 서양의 철학과 통찰을 담고 있습니다. 이 두 가지를 함께 배우고 필사함으로써, 독자들은 동서양의 지혜를 아우르는 풍부한 사고와 표현력을 키울 수 있을 것입니다.

필사는 단순히 글을 베끼는 행위가 아닙니다. 필사는 마음으로 글을 읽고, 그 의미를 곱씹으며, 자신의 것으로 만드는 과정입니다. 이 과정을 통해 독자들은 단순히 지식을 습득하는 것을 넘어, 자신의 내면을 성찰하고 성장할 수 있는 기회를 얻을 것입니다.

이 책은 특히 어른들을 위한 책입니다. 어른이 되어서도 배움은 계속되어야 합니다. 사자성어는 우리의 삶을 돌아보고, 더 나은 방향으로 나아가기 위한 지혜를 제공합니다. 그리고 그 지혜를 명언과 함께 필사하며, 우리는 자신의 언어와 사고를 더욱 다듬을 수 있습니다. 이 책을 통해 독자들은 다음과 같은 변화를 경험할 수 있을 것입니다.

첫째, 어휘력의 확장입니다. 사자성어와 명언을 통해 풍부한 어휘를 습득하고, 이를 일상에서 자연스럽게 활용할 수 있습니다.
둘째, 표현력의 강화입니다. 짧지만 강렬한 사자성어와 명언을 통해 복잡한 생각과 감정을 간결하고 명확하게 표현하는 능력을 키울 수 있습니다.
셋째, 사고의 깊이입니다. 사자성어와 명언 속에 담긴 깊은 의미를 곱씹으며, 자신의 사고를 더욱 풍부하고 깊이 있게 확장할 수 있습니다.
넷째, 마음의 성찰입니다. 필사를 통해 자신의 내면을 들여다보고, 삶의 방향을 되돌아보는 시간을 가질 수 있습니다.

이 책은 단순히 사자성어와 명언을 나열한 책이 아닙니다. 각 사자성어와 명언을 통해 독자들이 자신의 삶을 돌아보고, 더 나은 방향으로 나아갈 수 있도록 돕는 안내서입니다.
책 속의 글자 하나하나가 독자들의 마음속에 스며들어, 삶의 지혜와 용기로 변할 수 있기를 바랍니다.

한자의 필순 원칙

한자를 쓰는 데는 일정한 규칙이 있다. 필순(筆順)이란 한자 낱자를 쓸 때의 순서를 의미한다.

필순이 먼저 생기고 그것에 따라 쓴 것이 아니라는 점에서 반드시 절대적이라고 할 수는 없지만, 수많은 한자를 씀에 있어 모양새 있게 쓰면서 빠르고 정확하게 쓸 수 있는 순서를 찾아 이를 귀납적으로 규칙화한 것이다.

필순(筆順)의 원칙은 다음과 같다.

1. 위에서 아래로 쓴다.

2. 왼쪽에서 오른쪽으로 쓴다.

3. 가로와 세로가 겹칠 때에는 가로획을 먼저 쓴다.

4. 좌우 대칭일 때는 가운데 획을 먼저 쓰고 왼쪽, 오른쪽의 순서로 쓴다.

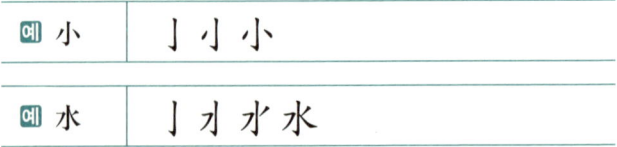

5. 둘러싼 모양의 글자는 바깥둘레를 먼저 쓰고 안은 나중에 쓴다.

예 月	ノ 𠂆 月 月
예 同	丨 冂 冂 同 同 同

- 바깥둘레를 먼저 쓰고, 안은 나중에 쓰나 문은 마지막에 닫는다.

예 回	丨 冂 冂 回 回 回
예 國	丨 冂 冂 冂 同 同 同 國 國 國 國

6. 삐침(丿)과 파임(乀)이 어우를 때는 삐침을 먼저 쓴다.

예 人	ノ 人
예 父	´ ´´ 分 父

7. 글자 전체를 꿰뚫는 획이나 받침(辶, 廴)은 나중에 쓴다.

예 中	丨 口 口 中
예 母	ㄴ 乃 乃 母 母
예 近	´ 厂 斤 斤 斤 近 近 近
예 建	𠃍 ⺕ ⺕ ⺕ 聿 聿 聿 建 建

예외 起, 題, 勉 등의 받침(走, 是, 免)은 받침을 먼저 쓴다.

7

8. 오른쪽 위의 점과 안의 점은 맨 나중에 찍는다.

예 代	ノ 亻 仁 代 代
예 瓦	一 丆 瓦 瓦 瓦

* 원칙으로 인정되는 필순이 복수이거나 위의 원칙에서 벗어나는 예외적인 글자도 간혹 있지만, 그런 경우는 별도로 익혀두는 수밖에 없다.

● 필순 참고사항

1. 艹(초두머리)는 4획으로 다음의 필순을 권장한다.

艹	一 十 卄 艹

2. 癶(필발머리)의 필순은 5획으로 다음의 필순을 권장한다.

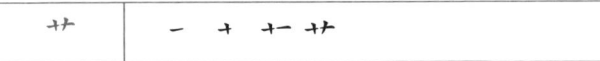

3. 臼(절구 구)의 필순은 6획으로 다음의 필순을 권장한다.

차례

들어가는 말
— 4 —

한자필순의 원칙
— 6 —

깨닫고 성찰하는
사자성어
명언필사
— 10 —

찾아보기
— 240 —

1 비일비재 非一非再

사자성어
명언 필사 3

한 번도[一] 아니고[非] 두 번도[再] 아니다[非]

| 어떤 현상이나 사실이 한두 번이나 한둘이 아니고 많음 |

비일비재를 직역하면 '한 번도 아니고 두 번도 아니다'라는 뜻입니다.
어떤 현상이 한두 번이 아니라 여러 번 반복되는 것을 비유한 말입니다.
즉, 한두 번이 아니라 여러 번 반복되는 상황을 표현할 때 사용됩니다.
이 표현은 반복의 중요성을 강조하며, 여러 번의 노력과 시도의 필요성을 나타내는 데 쓰입니다.

• 한자의 발견

非(비) : 갑골문자에 보면 새의 양 날개가 그려져 있는데 본래 의미는 '날다'였다. 후에 새의 날개가 서로 엇갈려 있는 모습에서 '등지다'라는 뜻이 파생되면서 '아니다', '그르다'라는 뜻으로 쓰이고 있다.

예문 역사 속에서 같은 실수가 반복된 사례는 **비일비재**하다.

非	一	非	再
아닐 비	한 일	아닐 비	두 재

비일비재 非一非再

어리석은 자는 자신의 실수로부터 배우고,
현명한 자는 타인의 실수로부터 배운다.

- 오토 폰 비스마르크 (Otto von Bismarck) -

현명한 사람은 남의 실수를 보고 깨닫습니다.
실수를 반복하지 않으려면, 타인의 경험에서 지혜를 얻어야 합니다.

2
사자성어
명언 필사 3

일맥상통 一脈相通

한[一] 맥이[脈] 서로[相] 통한다[通]

| 사고방식이나 성질 등이 서로 통하거나 비슷해지다 |

일맥상통을 직역하면 '한 맥이 서로 통하다'라는 뜻입니다.
서로 연결되어 있거나 같은 근원에서 나온 것을 비유한 말입니다.
즉, 서로 연결되어 있거나 같은 뿌리에서 나온 것들이 서로 통하는 상황을 표현할 때 사용됩니다.
이 표현은 연결성과 공통점의 중요성을 강조하며, 서로 통하는 관계를 나타내는 데 쓰입니다.

- **관련된 성어**

  대동소이(大同小異) : 큰 틀에서는 같고 작은 차이만 있다는 뜻.
  유유상종(類類相從) : 같은 부류끼리 서로 어울린다는 뜻.

예문 그의 말은 내가 오래전부터 생각해 온 바와 **일맥상통**했다.

一	脈	相	通
한 일	줄기 맥	서로 상	통할 통

일맥상통 一脈相通

우리는 별의 먼지로 만들어졌다.
그러므로 우리 모두는 우주와 연결되어 있다.

- 칼 세이건 (Carl Sagan) -

별들이 서로의 빛을 반사해 아름다운 밤하늘을 만드는 것처럼,
우리가 서로를 인정할 때 세상은 더 아름다워집니다.

3 백구과극 白駒過隙

사자성어
명언 필사 3

흰[白] 망아지가[駒] 틈새를[隙] 지나간다[過]

| 세월과 인생이 덧없이 짧음을 비유적으로 이르는 말 |

백구과극을 직역하면 '흰 망아지가 틈새를 지나간다'라는 뜻입니다.
백구(白駒)는 흰 망아지(말)이며, 과극(過隙)은 틈새를 지나가다는 의미로, 흰 말이 틈새를 지나가듯 시간이 매우 빠르게 지나감을 비유한 말입니다.
즉, 시간이 순식간에 흘러가버리는 상황을 표현할 때 사용됩니다.
이 표현은 시간의 빠름과 소중함을 강조하며, 시간을 아껴 쓰라는 교훈을 나타내는 데 쓰입니다.

• 관련된 성어
  세월유수(歲月流水) : 세월은 흐르는 물과 같다.

예문 인생은 **백구과극**처럼 빠르게 지나가니, 순간을 소중히 여겨야 한다.

白	駒	過	隙
흰 백	망아지 구	지날 과	틈 극

백구과극 白駒過隙

시간은 우리가 의도하지 않은 채 지나가지만,
그것이 가는 길을 되돌아볼 수 없다면,
우리는 그 시간을 헛되이 보낸 것이다.

- 헨리 데이빗 소로 (Henry David Thoreau) -

시간은 한 번 지나가면 되돌릴 수 없습니다.
매 순간을 소중히 여기며 살아야 후회가 없습니다.

곡학아세 曲學阿世

학문을[學] 굽히고[曲] 세상에[世] 아첨한다[阿]

| 바르지 못한 학문으로 세속의 인기에 영합하려 애씀 |

곡학아세를 직역하면 '학문을 굽히고 세상에 아첨한다'는 뜻입니다.
이 표현은 학문의 진리를 왜곡하고 세속에 아첨하는 태도를 비유한 말입니다.
즉, 진실을 외면하고 세상의 눈치만 보며 아첨하는 상황을 표현할 때 사용됩니다. 이 표현은 학문의 순수성과 진실성을 강조하며, 아첨과 타협을 비판적으로 나타내는 데 쓰입니다.

• 관련된 성어
사리사욕(私利私慾) : 자기 이익과 욕망.
호가호위(狐假虎威) : 여우가 호랑이의 위세를 빌리다.

예문 그는 **곡학아세**하지 않기 위해 항상 자신의 신념을 지키며 살아갔다.

曲	學	阿	世
굽을 곡	배울 학	언덕 아	인간 세

곡학아세 曲學阿世

세상의 비위를 맞추려고 자신의 신념을 왜곡하는 것은
단기적인 이익을 가져올지 모르지만,
그것은 결국 자아를 상실하게 만든다.
진리와 신념은 타협할 수 없는 것임을 잊지 말아야 한다.

- 조지 오웰 (George Orwell) -

세상의 기대에 맞추려 신념을 왜곡하는 것보다,
자신의 신념을 지키는 것이 진정한 자유를 얻는 길입니다.

5 사자성어
명언 필사 3

자초지종 自初至終

처음부터[初][自]끝까지[終][至]

| 처음부터 끝까지의 과정 |

자초지종을 직역하면 '처음부터 끝까지'라는 뜻입니다.
어떤 일의 시작부터 끝까지 전 과정을 비유한 말입니다.
즉, 처음부터 끝까지의 모든 과정을 표현할 때 사용됩니다.
이 표현은 일관성과 완결성을 강조하며, 처음부터 끝까지의 전 과정을 나타내는 데 쓰입니다.

• 관련된 성어

자두지미(自頭至尾) : 처음부터 끝까지의 과정.
종두지미(從頭至尾) : 처음부터 끝까지의 과정.

예문 자초지종을 알기 위해 사건의 모든 경위를 들여다보았다.

自	初	至	終
스스로 자	처음 초	이를 지	마칠 종

자초지종 自初至終

우리의 삶은 한 권의 책과 같다.
그 책의 처음부터 끝까지를 이해하는 것이 중요하며,
어느 한 장면만을 보고 판단해서는 안 된다.

- 마르쿠스 아우렐리우스 (Marcus Aurelius) -

책의 한 장면만 보고 그 책의 모든 내용을 판단할 수 없듯,
우리의 삶도 단 한 순간만으로 평가될 수 없습니다.

6 사자성어 명언 필사 3

일파만파 一波萬波

한[一] 물결이[波] 만[萬] 물결을[波] 만든다

| 한 사건에 그치지 않고 잇달아 많은 사건으로 번지는 일 |

일파만파를 직역하면 '한 물결 만 물결'이라는 뜻입니다.
한 사건이 그것으로 그치지 않고 잇달아 많은 사건으로 번지는 일을 비유한 말로, 한 가지 사건이나 행동이 연쇄적으로 큰 파장을 일으키는 상황을 표현할 때 사용됩니다.
이 표현은 작은 것의 중요성과 연쇄적 영향을 강조하며, 사소한 일도 큰 결과를 초래할 수 있음을 나타내는 데 쓰입니다.

• 관련된 성어와 어휘
점입가경(漸入佳境) : 차차 재미있는 경지로 들어감.
풍파(風波) : 사건이나 소동이 점점 커지는 상황을 의미.
파장(波長) : 어떤 사건이 미친 영향이 계속해서 퍼지는 상황.

예문 그 사건은 SNS를 통해 **일파만파** 확산되었다.

一	波	萬	波
한 일	물결 파	일만 만	물결 파

일파만파 一波萬波

모든 위대한 일은 아주 작은 것에서 시작된다.
씨앗이 땅에 뿌려지고 자라나 거대한 나무가 되듯이,
미미한 변화가 결국 큰 변화를 만들어낸다.

- 레프 톨스토이 (Lev Tolstoy) -

우리가 심는 씨앗이 내일의 커다란 나무가 될 것임을 믿고,
지금 이 순간부터 작은 변화를 시작해야 할 때입니다.

7 두문불출 杜門不出

사자성어
명언 필사 3

문을[門] 닫고[杜] 나가지[出] 않는다[不]

| 외출을 전혀 하지 않고 집안에만 틀어박혀 있음 |

두문불출을 직역하면 '문을 닫고 나가지 않는다'라는 뜻입니다.
세상과의 접촉을 끊고 은둔하는 것을 비유한 말로, 문을 닫고 외부와의 접촉을 끊어 세상과 단절된 상태를 표현할 때 사용됩니다.
이 표현은 은둔과 고립의 상태를 강조하며, 세상과의 단절을 나타내는 데 쓰입니다.

• 관련된 성어
  은둔고수(隱遁高手) : 세상을 떠나 숨은 채 조용히 살아가는 뛰어난 인물.
  각거폐문(閣居閉門) : 집에 틀어박혀 문을 닫고 나오지 않음.
  망운지정(望雲之情) : 세상을 등지고 살며, 고향이나 부모를 그리는 마음.

예문 그 작가는 **두문불출**하며 새로운 작품을 준비하고 있다.

杜	門	不	出
막을 두	문 문	아니 불	날 출

두문불출 杜門不出

혼자 있는 시간은 나 자신을 이해하는 시간이자,
진정한 나를 찾는 시간이 된다.
세상의 소음에서 벗어나 내면을 들여다보라.

- 알랭 드 보통 (Alain de Botton) -

나를 찾는 과정은 다른 사람의 기대에 맞추기 위한 것이 아니라,
나 자신의 진정한 자아를 찾아가는 여행입니다.

8
사자성어
명언 필사 3

평지풍파 平地風波

평평한[平] 땅에[地] 세찬 바람과[風] 거센 물결[波]

| 평온한 자리에서 생각하지 못한 다툼이 일어남 |

평지풍파를 직역하면 '평평한 땅에 세찬 바람과 거센 물결'이라는 뜻입니다. 평범한 상황에서 뜻밖의 큰 문제가 발생하는 것을 비유한 말입니다.
즉, 평소에는 조용하던 상황에서 갑자기 큰 소동이나 문제가 일어나는 상황을 표현할 때 사용됩니다.
이 표현은 예상치 못한 문제의 발생을 강조하며, 평범한 상황에서도 큰 문제가 생길 수 있음을 나타내는 데 쓰입니다.

• 관련된 성어
평지돌풍(平地突風) : 뜻밖에 갑자기 일어나는 거친 다툼이나 싸움.

예문 어느 날 평화롭던 회사에 **평지풍파**가 일어나 모두가 당황했다.

平	地	風	波
평평할 평	땅 지	바람 풍	물결 파

평지풍파 平地風波

변화는 항상 갑자기, 예상치 못한 순간에 찾아온다.
아무리 평화로운 상태라도 변화의 순간은 예고 없이 다가온다.

- 알프레드 T. 마한 (Alfred Thayer Mahan) -

우리는 항상 변화의 가능성을 받아들일 준비를 하고,
그 변화가 더 나은 방향으로 이끌어갈 기회라고 믿어야 합니다.

9 일취월장 日就月將

사자성어
명언 필사 3

날마다[日] 발전하고[就] 달마다[月] 성장한다[將]

| 날로 달로 발전하거나 성장함 |

취월장을 직역하면 '날마다 발전하고 달마다 성장하다'라는 뜻입니다.
시간이 지남에 따라 점점 발전하고 성장하는 것을 비유한 말로, 날이 갈수록 점점 더 나아지고 발전하는 상황을 표현할 때 사용됩니다.
이 표현은 꾸준한 발전과 성장의 중요성을 강조하며, 시간이 지남에 따라 이루어지는 발전을 나타내는 데 쓰입니다.

• 관련된 성어

일장월취(日將月就) : 날로 달로 발전하거나 성장함.
일진월보(日進月步) : 날로 달로 끊임없이 나아짐.

예문 처음엔 서툴렀지만, 이제는 **일취월장**하여 전문가가 되었다.

日	就	月	將
날 일	이룰 취	달 월	장수 장

일취월장 日就月將

성공은 결코 순식간에 이루어지지 않는다.
그 길은 항상 작은 변화와 도전의 연속이며,
한 번의 도약보다는 꾸준히 나아가는 것이 중요하다.
진정한 변화는 시간이 지나면서 이루어지는 것이다.

- 앤디 그로브 (Andy Grove) -

성공은 한 번의 도약이 아니라 작은 변화와
꾸준한 노력의 축적을 통해 시간이 지나면서 이루어지는 것입니다.

10 사자성어 명언 필사 3

미풍양속 美風良俗

아름다운[美] 풍습과[風] 좋은[良] 풍속[俗]

| 예로부터 전해 오는 아름답고 좋은 풍속 |

미풍양속을 직역하면 '아름다운 풍습과 좋은 풍속'이라는 뜻입니다.
아름답고 바람직한 전통과 풍습을 비유한 말로, 아름답고 훌륭한 사회적 관습과 전통을 표현할 때 사용됩니다.
이 표현은 아름답고 바람직한 사회적 가치를 강조하며, 전통과 풍습의 중요성을 나타내는 데 쓰입니다.

• **한자의 발견**

　暮(모) : 莫(없을 막)과 日(해 일)이 합하여 이루어진 모습으로, 해가 없음은 곧 날이 저물었음을 의미하여 '저물다'는 뜻이며, 여기서는 저녁을 의미한다.

예문 그는 **미풍양속**을 지키기 위해 항상 예의 바르고 존중하는 태도를 유지했다.

美	風	良	俗
아름다울 미	풍습 풍	좋을 량(양)	풍속 속

미풍양속 美風良俗

개인의 인격은 그가 지키는 예절과 도덕 속에서 드러나며,
사회는 그 개인들이 쌓아 올린 미덕 속에서 발전한다.

- 사무엘 스마일스 (Samuel Smiles) -

존경받는 사회란 강한 권력이나 법으로만 만들어지는 것이 아니라,
개인의 예절과 도덕이 모여 미덕을 이루고 발전하는 사회입니다.

11
사자성어
명언 필사 3

사분오열 四分五裂
네[四] 갈래로 나뉘고[分] 다섯[伍] 갈래로 찢어진다[裂]

| 여러 갈래로 나뉘어 흩어지게 되다 |

사분오열을 직역하면 '네 갈래로 나뉘고 다섯 갈래로 찢어진다'는 뜻입니다.
여러 갈래로 나뉘어 혼란스러운 상태를 비유한 말이며, 여러 방향으로 분열되고 혼란스러운 상황을 표현할 때 사용됩니다.
이 표현은 분열과 혼란의 상태를 강조하며, 통일성과 질서의 중요성을 나타내는 데 쓰입니다.

• 관련된 성어와 어휘

삼분오열(三分伍裂) : 여러 갈래로 나뉘어 흩어지게 되다.
분열(分裂) : 찢어져 갈라짐.
파열(破裂) : 깨어지거나 갈라져 터짐.

예문 내분이 계속되자 당이 **사분오열** 되어 힘을 잃었다.

四	分	伍	俗
넉 사	나눌 분	다섯 오	찢을 열

사분오열 四分伍裂

사람들이 서로 등을 돌리고 각자의 이익만을 추구할 때,
사회는 더 이상 하나의 공동체가 아니다.
개인의 욕심이 집단의 조화를 깨뜨리면,
결국 누구도 살아남을 수 없다.

- 장 자크 루소 (Jean-Jacques Rousseau) -

공동체가 유지되기 위해서는 단순한 규칙이나
법보다 더 중요한 것이 바로 신뢰와 협력입니다.

12 사자성어 명언 필사 3

동분서주 東奔西走

동쪽으로[東] 달리고[奔] 서쪽으로[西] 달리다[走]

| 여기저기 사방으로 분주하게 다니다 |

동분서주를 직역하면 '동쪽으로 달리고 서쪽으로 달리다'는 뜻입니다.
동분(東奔)은 동쪽으로 달리다, 서주(西走)는 서쪽으로 달리다는 뜻으로, 여러 곳을 이리저리 바쁘게 돌아다니는 것을 비유한 말입니다.
즉, 여러 방향으로 바쁘게 움직이며 일을 처리하는 상황을 표현할 때 사용하며, 분주한 생활을 나타내는 데 쓰입니다.

• 관련된 성어
  동치서주(東馳西走) : 여기저기 분주하게 애쓰고 다니다.
  동주서분(東走西奔) : 여기저기 사방으로 분주하게 돌아다님.

예문 행사 준비로 직원들이 **동분서주**하는 모습이 바빴다.

東	走	西	奔
동녘 동	달릴 분	서녘 서	달릴 주

동분서주 東奔西走

행동 없이 성과를 기대하는 것은
씨앗을 뿌리지 않고 수확을 바라는 것과 같다.
뛰어다니는 자만이 원하는 것을 얻을 수 있다.

- 나폴레옹 힐 (Napoleon Hill) -

농부가 씨앗을 뿌리고 땅을 갈고 물을 주듯,
원하는 목표를 이루기 위해서는 꾸준한 노력과 땀이 필요합니다.

13 사자성어 명언 필사 3

종횡무진 縱橫無盡
세로와[縱] 가로로[橫] 끝이[盡] 없다[無]

| 자유자재로 거침이 없이 행동하다 |

동분서주를 직역하면 '세로와 가로로 끝이 없다'는 뜻입니다.
자유롭고 제약 없이 활동하는 것을 비유한 말로, 어떤 방향으로든 제한 없이 자유롭게 움직이고 활동하는 상황을 표현할 때 사용됩니다.
이 표현은 자유로운 활동과 무한한 가능성을 강조하며, 제약 없는 행동을 나타내는 데 쓰입니다.

- 관련된 성어

자유자재(自由自在): 제한됨이 없이 자기 마음대로 할 수 있음.
일사천리(一瀉千里): 어떤 일이 거침없이 빨리 진행됨.

예문 그녀는 **종횡무진** 돌아다니며 모든 문제를 해결했다.

縱	橫	無	盡
늘어질 종	가로 횡	없을 무	다할 진

종횡무진 縱橫無盡

성공한 사람과 실패한 사람의 차이는 행동의 차이일 뿐이다.
모든 위대한 업적은 끊임없는 시도와 노력이 쌓여 이루어진다.

- 콘래드 힐튼 (Conrad Hilton) -

성공과 실패의 차이는 결국 행동의 차이이며,
지속적인 도전과 노력이 위대한 업적을 만드는 것입니다.

14 명철보신 明哲保身

사자성어
명언 필사 3

밝은[明] 지혜로[哲] 자신을[身] 보호한다[保]

| 총명하고 사리에 밝아서 일을 잘 처리하여 일신을 잘 보전함 |

명철보신을 직역하면 '밝은 지혜로 자신을 보호하다'는 뜻입니다.
현명하게 자신을 보호하고 위험을 피하는 것을 비유한 말로, 지혜롭게 행동하여 자신을 보호하고 위험을 피하는 상황을 표현할 때 사용됩니다.
이 표현은 지혜와 신중함의 중요성을 강조하며, 자신을 보호하는 현명한 태도를 나타내는 데 쓰입니다.

• **한자의 발견**

身(신) : '몸'이나 '신체'를 뜻하는 글자로, 갑골문자를 보면 배가 볼록한 임신한 여자가 그려져 있으며, 본래는 '임신하다', '(아이를)배다'라는 의미였다.

예문 그녀는 언제나 **명철보신**의 자세로 일을 처리한다.

明	哲	保	身
밝을 명	밝을 철	보존할 보	몸 신

명철보신 明哲保身

불확실한 상황에서
자신의 안전을 지키는 것이 첫 번째 과제다.
이는 이기적인 선택이 아니라,
오히려 미래를 위한 현명한 투자이다.

- 조나단 스위프트 (Jonathan Swift) -

자신을 보호하기 위해 후퇴하는 것이 나쁜 선택이 아니라,
오히려 지혜로운 결정일 수 있다는 사실을 명심해야 합니다.

15 무용지물 無用之物

사자성어
명언 필사 3

쓸모없는[用][無] 물건[之][物]

| 쓸모가 없는 사람이나 물건 |

무용지물을 직역하면 '쓸모없는 물건'이라는 뜻입니다.
아무런 쓸모가 없는 사람이나 물건을 비유한 말로, 아무런 가치나 쓸모가 없는 물건이나 사람을 표현할 때 사용됩니다.
이 표현은 쓸모없음과 무가치함을 강조하며, 실질적인 가치가 없는 것을 나타내는 데 쓰입니다.

- 관련된 성어
  백약무효(百藥無效) : 백 가지 약이 다 소용이 없다는 뜻.
  무익지물(無益之物) : 이익이 없는 물건이라는 뜻.

예문 그 아이디어는 실행 가능성이 없어서 **무용지물**이었다.

無	用	之	物
없을 무	쓸 용	갈 지	만물 물

무용지물 無用之物

결과가 없고, 목적 없이 진행되는 일은
아무리 열심히 해도 무용지물일 뿐이다.
진정한 가치는 목표가 명확하고
그것을 향해 나아가는 과정에 있다.

- 빌 게이츠 (Bill Gates) -

목표 없는 노력은 무용지물일 수 있지만,
목표가 분명하다면 모든 노력이 가치 있는 결과로 이끌어냅니다.

16 유야무야 有耶無耶
사자성어
명언 필사 3

있는[有] 듯[耶] 없는[無] 듯[耶]

| 어떤 일이 있는 듯 없는 듯 분명하지 않고 흐지부지한 상태 |

유야무야를 직역하면 '있는 듯 없는 듯'이라는 뜻입니다.
어떤 것이 있는지 없는지 분명하지 않은 상태를 비유한 말로, 존재 여부가 불분명하거나 애매모호한 상황을 표현할 때 사용됩니다.
이 표현은 불확실성과 애매함을 강조하며, 분명하지 않은 상태를 나타내는 데 쓰입니다.

• 관련된 성어

모호지묘(模糊之妙) : 애매모호하고 분명하지 않은 것을 나타냄.
막연부답(莫言不答) : 막연히 대답하는 것을 뜻함.

예문 그가 한 말은 결국 **유야무야** 흐지부지됐다.

有	耶	無	耶
있을 유	어조사 야	없을 무	어조사 야

유야무야 有耶無耶

말이 많으면 실천이 부족하다.
생각은 중요하지만,
중요한 것은 그 생각을 행동으로 옮기는 것이다.

- 랄프 왈도 에머슨 (Ralph Waldo Emerson) -

말은 누구나 할 수 있지만, 진정한 성과를 이루는 사람들은
말보다는 행동으로 그 생각을 증명하려는 사람입니다.

17 호언장담 豪言壯談

사자성어
명언 필사 3

거창한[豪] 말과[言] 당당한[壯] 이야기[談]

| 의기양양하여 자신 있게 말함. 또는 그런 말 |

호언장담을 직역하면 '거창한 말과 당당한 이야기'라는 뜻입니다.
크고 장대한 말이나 자신의 능력이나 계획을 과시하는 말로, 자신이 할 수 있다고 확신하거나, 과장되게 말하는 상황에서 사용됩니다.
이 표현은 거창한 말과 당당한 태도를 강조하며, 큰소리치며 자신감 있게 말하는 모습을 나타내는 데 쓰입니다.

• 반대되는 성어

겸허자약(謙虛自若) : 겸손하고 태도로 자신을 낮추는 모습을 의미.

실사구시(實事求是) : 사실에 근거하여 진리를 추구한다는 뜻.

예문 그 친구는 매번 **호언장담**하지만, 실제로는 실행에 옮기지 않는다.

豪	言	壯	談
호걸 호	말씀 언	씩씩할 장	말씀 담

호언장담 豪言壯談

자신의 능력을 믿는 것은 좋은 일이지만,
과도한 자만은 결국 실패로 이어진다.
지나친 자신감은 스스로를 더욱 깊은 늪에 빠뜨릴 수 있다.

- 엘리노어 루즈벨트 (Eleanor Roosevelt) -

자신의 능력을 믿는 것은 좋은 일이지만, 자신을 돌아보고
현실을 직시하는 균형 잡힌 자세가 더 중요합니다.

18 유비무환 有備無患

사자성어
명언 필사 3

준비가[備] 있으면[有] 근심이[患] 없다[無]

| 미리 준비해 두면 근심할 것이 없음 |

유비무환을 직역하면 '준비가 있으면 근심이 없다'라는 뜻입니다.
이 말은 《서경(書經)》의 〈열명편(說明篇)〉에 나오는 말로, 미리 준비를 해두면 근심이 없음을 비유한 말입니다.
이 표현은 사전에 준비를 철저히 하면 문제가 생겨도 걱정하지 않아도 된다는 것을 표현할 때 사용됩니다.

• 관련된 성어

거안사위(居安思危) : 편안할 때 위기를 대비하라.
망우보뢰(亡牛補牢) : 소를 잃고 외양간을 고친다.

예문 보험을 드는 게 좋겠어. **유비무환**이라는 말도 있잖아.

有	備	無	患
있을 유	갖출 비	없을 무	근심 환

유비무환 有備無患

숙고하는 데 시간을 들여라.
그러나 행동할 때가 오면 망설이지 말고 실행하라.

- 나폴레옹 보나파르트 (Napoléon Bonaparte) -

기회란 단순히 운 좋게 나타나는 것이 아니며, 기회를 제대로
잡기 위해서는 철저한 준비와 신중한 판단이 선행되어야 합니다.

19 사자성어
명언 필사 3

일조일석 一朝一夕

하루[一]아침과[朝] 하루[一] 저녁[夕]

| 짧은 시일을 이르는 말 |

일조일석을 직역하면 '하루아침과 하루 저녁'이라는 뜻입니다.
이 표현은 매우 짧은 시간을 비유한 말로, 하루아침과 하루 저녁처럼 아주 짧은 시간을 표현할 때 사용됩니다.
이 표현은 시간의 짧음을 강조하며, 짧은 시간 안에 이루어지는 변화나 사건을 나타내는 데 쓰입니다.

• 관련된 성어와 어휘

순식간(瞬息間) : 눈 깜짝할 사이의 매우 짧은 시간.
일순간(一瞬間) : 아주 짧은 순간.
전광석화(電光石火) : 번개가 치고 불이 일어나는 것처럼 매우 빠른 순간.

예문 습관을 바꾸는 것은 **일조일석**에 이루어질 수 없는 일이다.

一	朝	一	夕
한 일	아침 조	한 일	저녁 석

일조일석 一朝一夕

위대한 사람들이 도달한 높은 곳은 한순간에 오른 것이 아니다.
그들은 동료들이 잠든 밤에도 계속해서 노력하며 올라갔다.

- 헨리 롱펠로 (Henry Longfellow) -

쉽게 포기하는 사람과, 보이지 않는 곳에서 묵묵히 나아가는
사람의 차이는 시간이 지날수록 점점 더 명확해 지는 법입니다.

20 태평성대 太平聖代

사자성어 명언 필사 3

태평하고[太][平] 성스러운[聖] 시대[代]

| 나라에 혼란 따위가 없어 백성들이 편안히 지내는 시대 |

태평성대를 직역하면 '태평하고 성스러운 시대'라는 뜻입니다.
이 표현은 나라가 혼란이 없이 백성들이 편안히 사는 모습을 비유한 말로, 평화롭고 이상적인 시대를 뜻합니다.
중국의 요순(堯舜) 시대는 동양에서 가장 살기 좋은 시대로 태평성대의 대명사로 알려져 있습니다
이 표현은 사회가 안정되고 모든 사람이 행복하게 사는 이상적인 시대를 표현할 때 사용됩니다.

• 관련된 성어

태평성세(太平聖歲) : 백성들이 편안히 지내는 시대.
태평연월(太平煙月) : 아무 걱정없이 편안하고 즐거운 세월.

예문 그는 **태평성대**의 시기에 태어나 평온한 삶을 살았다.

太	平	聖	代
클 태	평탄할 평	성스러울 성	시대 대

태평성대 太平聖代

평화로운 사회는 모든 사람이 도덕적으로
완벽하고 서로를 존중할 때 이루어진다.

- 공자 (孔子) -

서로의 차이를 존중하고, 조화를 이루기 위해 노력해야
비로소 사회는 평화로운 사회를 완성해 갈 수 있습니다.

21 요지부동 搖之不動

사자성어
명언 필사 3

흔들어도[搖][之] 움직이지[動] 않는다[不]

| 어떠한 자극에도 움직이지 않거나 태도의 변화가 없음 |

요지부동을 직역하면 '흔들어도 움직이지 않는다'는 뜻입니다.
매우 견고하고 흔들리지 않는 상태를 비유한 말로, 어떤 힘을 가해도 흔들리지 않고 굳건히 버티는 상황을 표현할 때 사용됩니다.
이 표현은 강인함과 흔들리지 않는 의지를 강조하며, 어떤 상황에서도 굳건히 버티는 모습을 나타내는 데 쓰입니다.

• 관련된 성어

확고부동(確固不動) : 확실하고 튼튼하여 움직이지 않음.
금석지심(金石之心) : 금이나 돌처럼 굳고 변함없는 마음.
필부지용(匹夫之勇) : 굳센 의지로 흔들리지 않는 사람의 용기.

예문 위협과 회유에도 그는 **요지부동**으로 자신의 신념을 고수했다.

搖	之	不	動
흔들 요	갈 지	아니 불	움직일 동

요지부동 搖之不動

신념이 없는 사람은
바람이 부는 대로 흔들리는 갈대와 같다.

- 단테 알리기에리 (Dante Alighieri) -

신념이 있는 삶이란, 외부의 변화에 따라 표류하는 것이 아니라,
자신이 옳다고 믿는 방향으로 나아가는 삶입니다.

22 자력갱생 自力更生

사자성어
명언 필사 3

스스로의[自] 힘으로[力] 다시[更] 살아난다[生]

| 자신의 힘으로 어려운 처지에서 벗어나 다시 새로운 삶을 살아감 |

요지부동을 직역하면 '스스로의 힘으로 다시 살아가다'는 뜻입니다.
이 말은 스스로의 노력과 의지로 어려움을 극복하고 다시 일어나는 것을 말하며, 외부의 도움 없이 스스로의 힘으로 재기하는 상황을 표현할 때 사용됩니다.
이 표현은 자기 주도성과 의지의 중요성을 강조하며, 스스로의 힘으로 어려움을 극복하는 모습을 나타내는 데 쓰입니다.

• 관련된 성어
자강불식(自强不息) : 스스로 끊임없이 노력하여 쉬지 않고 강해짐.
자수성가(自手成家) : 스스로 노력하여 집안을 일으킴.

예문 그는 어려운 환경에서도 **자력갱생**하여 성공을 이루었다.

自	力	更	生
스스로 자	힘 력	다시 갱	날 생

자력갱생 自力更生

남의 등을 기대지 말고 스스로 일어나라.
자기 힘으로 세운 탑만이 무너지지 않는다.

- 나폴레옹 보나파르트 (Napoléon Bonaparte) -

쉽게 얻은 것은 쉽게 사라지기 마련입니다.
자신의 힘으로 쌓은 탑은 어떤 폭풍에도 흔들리지 않습니다.

23 오리무중 五里霧中

사자성어 명언 필사 3

오리에[伍][里] 걸쳐 안개[霧] 속[中]

| 상황이 불확실하고 갈피를 잡을 수 없는 상태 |

오리무중을 직역하면 '오리에 걸쳐 안개 속'이라는 뜻입니다.
오리(伍里)는 다섯 리(약 2km)를, 무중(霧中)은 안개 속을 뜻하는 말로, 안개 속에 갇힌 것처럼, 상황이 불확실하고 갈피를 잡을 수 없는 상황을 표현할 때 사용됩니다.
이 표현은 불확실성과 혼란을 강조하며, 상황이 명확하지 않은 상태를 나타내는 데 쓰입니다.

• **관련된 어휘**

막막하다 : 앞이 보이지 않고 답답한 상태
갈피를 잡을 수 없다 : 방향이나 실마리를 찾지 못하는 상태.

예문 작년 말에 집을 나간 그의 행적은 아직까지 **오리무중**이다.

伍	里	霧	中
다섯 오	마을 리	안개 무	가운데 중

오리무중 伍里霧中

미래를 예측할 수 없으면,
차라리 오늘 할 수 있는 일을 시작하라.
길은 그 속에서 나올 것이다.

- 스티브 잡스 (Steve Jobs) -

어떤 길을 가야 할지 몰라 주저할 때, 가장 좋은 방법은 현재에 충실하고 오늘 할 수 있는 일을 실천하는 것입니다.

24 애걸복걸 哀乞伏乞

사자성어
명언 필사 3

슬프게[哀] 빌고[乞] 엎드려[伏] 빈다[乞]

| 애처롭고 간절하게 사정하며 빌고 또 빌다 |

애걸복걸을 직역하면 '슬프게 빌고 엎드려 빈다'라는 뜻입니다.
애걸(哀乞)은 슬프게 빌다, 복걸(伏乞)은 엎드려 빈다는 뜻으로, 매우 간절하게 애원하는 것을 비유한 말입니다.
즉, 슬프게 울부짖으며 간절히 애원하는 상황을 표현할 때 사용됩니다.
이 표현은 간절함과 애원의 강도를 강조하며, 매우 절박한 상황에서의 애원을 나타내는 데 쓰입니다.

• 관련된 어휘

구걸(求乞) : 무엇인가를 간절히 요청하거나 빌다.
간청(懇請) : 간절하게 청하다, 즉 요청하는 모습.
애원(哀願) : 슬프고 애처롭게 부탁하다.

예문 그 여자는 **애걸복걸**하는 모습으로 재정적 지원을 요청했다.

哀	乞	伏	乞
슬플 애	빌 걸	엎드릴 복	빌 걸

애걸복걸 哀乞伏乞

당신이 힘들 때
사람에게 도움을 청하는 것이 부끄러울 일이 아니다.
오히려 그것이 더 큰 용기와 지혜의 표현이다.

- 스미야모토 무사시 (Miyamoto Musashi) -

자기만의 힘으로 모든 것을 해결하려 하지 말고,
때로는 다른 사람의 지혜와 경험을 받아들이는 것도 중요합니다.

25
사자성어
명언 필사 3

일확천금 一攫千金
한 번[一] 움켜잡아[攫] 천금을[千][金] 얻는다

| 힘들이지 않고 단번에 많은 재물을 얻음 |

일확천금을 직역하면 '한 번 움켜잡아 천금을 얻다'라는 뜻입니다.
한 번의 기회로 큰 부나 성공을 얻는 것을 비유한 말로, 한 번의 기회를 놓치지 않고 큰 성과를 거두는 상황을 표현할 때 사용됩니다.
즉, 슬프게 울부짖으며 간절히 애원하는 상황을 표현할 때 사용됩니다.
이 표현은 기회를 놓치지 않고 큰 성과를 거두는 중요성을 강조하며, 한 번의 기회로 큰 성공을 이룰 수 있음을 나타내는 데 쓰입니다.

• 관련된 성어
일거양득(一擧兩得) : 한 번의 행동으로 두 가지 이득을 얻는다는 뜻.
일자천금(一字千金) : 글자 하나가 천금의 가치가 있다.

예문 그는 복권에 당첨되어 **일확천금**의 기회를 잡았다.

一	攫	千	金
한 일	붙잡을 확	일천 천	쇠 금

일확천금 一攫千金

성공은 우연히 찾아오는 것이 아니다.
오히려 꾸준한 노력과 준비가
한 번의 기회를 잡을 수 있는 토대를 만든다.

- 윌리엄 A. 더먼 (William A. Durden) -

성공은 단 한 번의 기회로 이루어지지 않으며,
꾸준한 노력과 일관된 행동이 결국 성공의 순간을 만들어냅니다.

26 사자성어 명언 필사 3 | 기화가거 奇貨可居

귀한[奇] 물건을[貨] 거둬둘[居] 수 있다[可]

| 좋은 기회를 놓치지 말아야 한다는 것을 이르는 말 |

기화가거를 직역하면 '귀한 물건을 거둬둘 수 있다'라는 뜻입니다.
기화(奇貨)는 귀한 물건, 가거(可居)는 거둬둘 수 있다는 의미입니다.
즉, 귀한 물건은 잘 간직하여 나중에 이익을 남기고 판다는 뜻으로, 좋은 기회를 놓치지 않고 큰 성과를 거두는 상황을 표현할 때 사용됩니다.
이 표현은 기회를 놓치지 않고 활용하는 중요성을 강조하며, 귀한 기회를 잡는 지혜를 나타내는 데 쓰입니다.

• 관련된 성어
  천재일우(千載一遇) : 천 년에 한 번 만날 정도로 귀한 기회.

예문 혁신적인 기술투자의 기회는 **기화가거**라 할 수 있다.

奇	貨	可	居
기이할 기	재물 화	옳을 가	차지할 거

기화가거 奇貨可居

희귀하고 가치 있는 기회는 누구에게나 한 번씩 찾아온다.
그 기회를 어떻게 활용하느냐가 성공을 결정짓는다.

- 토니 로빈스 (Tony Robbins) -

기회는 기다리는 자에게 주어지는 것이 아니라,
준비된 자에게 찾아온다는 사실을 우리는 알아야 합니다.

27 다사다난 多事多難
사자성어 명언 필사 3

일이[事] 많고[多] 어려움도[難] 많다[多]

| 여러 가지 일도 많고 어려움이나 탈도 많다 |

다사다난을 직역하면 '일이 많고 어려움도 많다'라는 뜻입니다.
다사(多事)는 일이 많다, 다난(多難)은 어려움이 많다는 의미로 일이 많고, 그 과정에서 크고 작은 어려움이 끊이지 않는 상황을 표현하는 말입니다.
이 표현은 흔히 한 해가 지나갈 때, 또는 어떤 사람이 겪은 삶이나 시기를 회고할 때 많이 사용됩니다.

• 관련된 성어

파란만장(波瀾萬丈): 변화가 심하고 기복이 큰 삶이나 사건을 뜻함.
우여곡절(迂餘曲折): 일이 순탄하지 않고 여러 곡절이 많았음을 의미.

예문 올해는 참 **다사다난**했던 한 해였다.

多	事	多	難
많을 다	일 사	많을 다	어려울 난

다사다난 多事多難

보석은 연마 없이 빛날 수 없고,
인간은 시련 없이 완전해질 수 없다.

- 존 러스킨 (John Ruskin) -

시련은 우리를 부수기 위해 존재하는 것이 아니라,
우리의 숨겨진 가능성을 드러내기 위해 존재합니다.

28 피차일반 彼此一般

사자성어
명언 필사 3

저쪽이나[彼] 이쪽이나[此] 일반적이다[一][般]

| 두 편이 서로 같음 |

피차일반을 직역하면 '저쪽이나 이쪽이나 일반적이다'라는 뜻입니다.
서로 비슷하거나 차이가 없음을 뜻하는 말로, 양쪽이 서로 비슷하거나 동등한 상황을 표현할 때 사용됩니다.
이 표현은 서로의 유사성과 동등함을 강조하며, 차이가 없는 상태를 나타내는 데 쓰입니다.

• 관련된 성어와 속담

오십보백보(伍十步百步) : 본질적으로 차이가 없음을 의미.
도긴개긴 : 엇비슷하여 우열을 가릴 수 없음을 뜻하는 속담.

예문   너나 나나 돈이 없는 건 **피차일반**이야.

彼　　此　　一　　般

저 피　　이 차　　한 일　　일반 반

피차일반 彼此一般

모든 사람은 자기 짐이 가장 무겁다고 생각하지만,
사실은 누구나 저마다의 무거운 짐을 지고 있다.

- 찰스 디킨스 (Charles Dickens) -

사람은 저마다 보이지 않는 짐을 지고 살아가기에,
서로의 무게를 헤아리고 이해하는 것이 가장 중요합니다.

29 팔방미인 八方美人

사자성어
명언 필사 3

여덟[八] 방향의[方] 아름다운[美] 사람[人]

| 여러 가지 일에 능숙한 사람을 비유적으로 이르는 말 |

팔방미인을 직역하면 '여덟 방향의 아름다운 사람'이라는 뜻입니다.
이 말은 모든 방면에서 뛰어난 능력을 갖춘 사람을 의미합니다.
즉, 여러 분야에서 능력을 발휘하는 사람을 칭찬할 때 표현합니다.
이 표현은 다재다능함과 사랑받는 모습을 강조하며, 모든 방면에서 뛰어난 사람을 나타내는 데 쓰입니다.

• 관련된 성어
  다재다능(多才多能) : 재주와 능력이 많고 뛰어남.
  박학다식(博學多識) : 학식이 넓고 아는 것이 많음.

예문 그는 음악, 스포츠, 학문 모두에서 뛰어난 **팔방미인**이다.

八	方	美	人
여덟 팔	방향 방	아름다울 미	사람 인

팔방미인 八方美人

타인의 마음을 얻으려 애쓰는 것보다
자신의 마음에 충실하는 것이 훨씬 더 중요하다.
사람들은 결국 진정성을 느낄 수밖에 없다.

- 윌리엄 셰익스피어 (William Shakespeare) -

삶에서 가장 중요한 것은 타인의 마음을 얻기 위해
애쓰는 것이 아니라 나 자신의 삶에 충실한 것입니다.

30 피골상접 皮骨相接
사자성어
명언 필사 3

피부와[皮] 뼈가[骨] 서로[相] 맞닿다[接]

| 살가죽과 뼈가 맞붙을 정도로 바짝 마름 |

피골상접을 직역하면 '피부와 뼈가 서로 접힌다'라는 뜻입니다.
매우 마르고 쇠약해져서 피부와 뼈가 거의 닿을 정도로 상태가 나쁜 상황을 의미합니다.
즉, 극도의 빈곤, 고통, 질병 등으로 몸이 말라서 건강 상태가 심각한 경우를 설명할 때 사용합니다. 이 표현은 일반적으로 불행하고 고통스러운 상황을 강조할 때 적합합니다.

• 한자의 발견

接(접) : 첩(妾)은 여자 종을 뜻하며, 여종은 일도 많이 하지만 사람도 많이 접한다는 의미에서 '접촉하다', '대접하다', 라는 뜻을 갖게 되었다.

예문 병으로 **피골상접**한 그는 결국 회복하지 못했다.

皮	骨	相	接
가죽 피	뼈 골	서로 상	이을 접

피골상접 皮骨相接

당신의 몸과 마음이 지치고 피곤해질 때,
그때가 바로 진정한 시험이 시작되는 순간이다.
절망 속에서도 꿋꿋이 나아가야만,
결국에는 진정한 자유를 맛볼 수 있다.

- 시몬 드 보부아르 (Simone de Beauvoir) -

우리가 겪는 고난과 시련은 단순한 괴로움이 아닙니다.
그것은 성장의 기회이며, 진정한 자유를 찾을 수 있는 길입니다.

31 사자성어 명언 필사 3

박학다식 博學多識

널리[博] 배우고[學] 많이[多] 안다[識]

| 학문에 대한 소양이 넓고 보고 들은 것이 많다 |

박학다식을 직역하면 '널리 배우고 많이 안다'라는 뜻입니다.
다양한 분야에 대해 널리 배우고 많은 지식을 가진 사람을 비유한 말로, 다양한 학문과 지식을 두루 섭렵한 사람을 표현할 때 사용됩니다.
이 표현은 다양한 지식과 학문의 중요성을 강조하며, 넓은 학식과 깊은 지식을 가진 사람을 나타내는 데 쓰입니다.

• 관련된 성어

다재다능(多才多能) : 재주가 많고 능력이 풍부하다.
학식연박(學識淵博) : 학식이 깊고 넓다는 뜻.

예문 그녀는 책을 많이 읽어 **박학다식**한 사람으로 유명하다.

博	學	多	識
넓을 박	배울 학	많을 다	알 식

◆◇◆
박학다식 博學多識

배움 없이 지혜를 기대하는 것은,
땅 없이 밭을 가꾸려는 것과 같다.

- 레오나르도 다 빈치(Leonardo da Vinci) -

농부가 정성을 다해 밭을 일구듯,
우리는 꾸준한 배움을 통해 스스로를 가꾸어야 합니다.

32 사자성어 명언 필사 3

매점매석 買占賣惜
사서[買] 독점하고[占] 팔기를[賣] 아까워한다[惜]

| 물건을 몰아서 사들인 후 비싼 값을 받기 위해 팔기를 꺼림 |

매점매석을 직역하면 '사서 독점하고 팔기를 아까워한다'는 뜻입니다.
매점(買占)은 물건을 사서 독점한다, 매석(賣惜)은 팔기를 아까워한다는 의미로, 물건을 사서 독점하고 팔기를 꺼리는 태도를 말합니다.
즉, 물건을 한꺼번에 많이 사들여서 가격이 오를 때까지 팔지 않고 보관하는 행위를 표현할 때 사용합니다.
이 표현은 개인의 이익을 위해 사회적 불균형을 초래하는 행위로 부정적인 의미로 사용됩니다.

• 관련된 성어

박리다매(薄利多賣) : 이익을 적게 보고 많이 파는 일.

예문 코로나19 초기 마스크를 **매점매석**한 업자들이 처벌을 받았다.

買	占	賣	惜
살 매	점령할 점	팔 매	아낄 석

매점매석 買占賣惜

독점은 언제나 가격을 올리고,
경쟁은 언제나 가격을 낮춘다.

- 애덤 스미스 (Adam Smith) -

독점이 지배하는 세상은 소수만을 위한 세상이지만,
경쟁이 살아 있는 세상은 모두에게 공정한 기회를 부여합니다.

33 매관매직 賣官賣職
사자성어
명언 필사 3

관직과[官] 직위를[職] 판다[賣]

| 돈이나 재물을 받고 벼슬을 시킴 |

매관매직을 직역하면 '관직과 직위를 판다'는 뜻입니다.
관직이나 직위를 돈을 받고 파는 부패한 행위를 비유한 말로, 권력을 돈으로 거래하는 부정부패를 표현할 때 사용됩니다.
이 표현은 부정부패와 권력 남용을 강조하며, 부패한 관행을 비판적으로 나타내는 데 쓰입니다.

• 관련된 성어
권선징악(勸善懲惡) : 선을 권장하고 악을 처벌함.
관권남용(官權濫用) : 관직의 권한을 남용하여 사리사욕을 챙기는 행위.

예문 그는 돈으로 관직을 산 **매관매직** 사건이 드러나 파면되었다.

賣	官	賣	職
팔 매	벼슬 관	팔 매	벼슬 직

매관매직 賣官賣職

부패한 정치인들이
권력을 남용하고 자리를 팔 수 있을지 모르지만,
진정한 리더는 사람들의 신뢰와 존경을 통해 권력을 얻는다.

- 마하트마 간디 (Mahatma Gandhi) -

진정한 리더십은 부패한 권력 남용이 아니라
사람들의 신뢰와 존경을 통해 얻어지는 것입니다.

34 사자성어 명언 필사 3

도청도설 道聽塗說

길에서[道] 듣고[聽] 길에서[塗] 말한다[說]

| 근거 없이 거리에 떠도는 뜬소문 |

도청도설을 직역하면 '길에서 듣고 길에서 말한다'는 뜻입니다.
근거 없이 들은 소문을 그대로 전파하는 것을 비유한 말로, 신뢰할 수 없는 소문을 듣고 그대로 퍼뜨리는 상황을 표현할 때 사용됩니다.
이 표현은 소문의 신뢰성 부족과 무책임한 전파를 강조하며, 근거 없는 소문을 퍼뜨리는 행위를 비판적으로 나타내는 데 쓰입니다.

- 관련된 성어
  유언비어(流言蜚語) : 아무 근거 없이 널리 퍼진 소문.
  부언낭설(浮言浪說) : 항간에 떠돌아다니는 소문.
  무근지설(無根之說) : 아무런 근거 없이 떠도는 말.

예문 그의 말은 **도청도설**에 불과하니, 믿지 말고 사실을 확인해 보자.

道	聽	塗	說
길 도	들을 청	길 도	말씀 설

도청도설 道聽塗說

소문을 믿기 전에 반드시 진실을 확인해야 한다.
그렇지 않으면, 당신도 그 소문에 희생자가 될 수 있다.

- 앤드류 카네기 (Andrew Carnegie) -

우리는 항상 확인된 사실을 바탕으로 결정을 내리고
행동해야만 신뢰할 수 있는 관계와 명예를 지킬 수 있습니다.

35 언어도단 言語道斷

사자성어
명언 필사 3

말이[言][語] 길이[道] 끊어진다[斷]

| 어이가 없어서 말문이 막힘 |

언어도단을 직역하면 '말이 길이 끊어진다'는 뜻입니다.
말로 표현할 수 없을 정도로 어이없거나 황당한 상황을 비유한 표현으로, 말로 설명할 수 없을 정도로 어처구니없는 상황을 표현할 때 사용됩니다.
이 표현은 말로 표현할 수 없는 황당함과 어이없음을 강조하며, 극단적인 상황을 나타내는 데 쓰입니다.

• 관련된 성어와 어휘

언어동단(言語同斷) : 어이가 없어서 말문이 막힘.
기막힌 일 : 기이하고 놀라운 상황을 의미.
말문이 막히다 : 당황스러워 말할 수 없음.

예문 그의 행동은 충격적이라 **언어도단**이었고, 아무 말도 할 수 없었다.

言	語	道	斷
말씀 언	말씀 어	길 도	끊을 단

언어도단 言語道斷

우리는 때때로 말로 설명할 수 없는 것들을 경험하고,
그런 순간에는 침묵이 가장 적절한 언어가 된다.

- 프란츠 카프카 (Franz Kafka) -

때로는 말을 하지 않고, 조용히 그 순간을 함께하며
경험을 공유하는 것이 가장 적절한 표현일 때가 있습니다.

36 백골난망 白骨難忘

사자성어
명언 필사 3

백골이[白][骨] 되어도 잊기[忘] 어렵다[難]

| 남에게 큰 은혜나 덕을 입었을 때 고마움을 나타내는 말 |

백골난망을 직역하면 '백골이 되어도 잊기 어렵다'는 뜻입니다.
죽어서 뼈만 남아도 잊을 수 없을 정도로 깊은 감정이나 은혜를 비유한 말로, 죽어서도 잊을 수 없는 깊은 감정이나 은혜를 표현할 때 사용됩니다.
이 표현은 깊은 감정과 은혜의 중요성을 강조하며, 죽어서도 잊을 수 없는 감정을 나타내는 데 쓰입니다.

• 관련된 성어
  각골난망(刻骨難忘) : 은혜를 깊이 새겨 절대 잊지 않음을 뜻함.
  결초보은(結草報恩) : 죽어서라도 은혜를 갚겠다는 뜻.

예문 그가 베풀어 준 은혜는 **백골난망**이라 반드시 보답하고 싶다.

白	骨	難	忘
흰 백	뼈 골	어려울 난(란)	잊을 망

백골난망 白骨難忘

고마움을 표현하지 않는 것은
선물을 받고 포장만 뜯은 뒤 버리는 것과 같다.

- 윌리엄 아서 워드(William Arthur Ward) -

감사함을 느낄 때 마다 꼭 표현해야 합니다.
그것이야말로 우리가 할 수 있는 가장 아름다운 보답일 것입니다.

37 고목발영 枯木發榮
사자성어
명언 필사 3

마른[枯] 나무에서[木] 꽃이[榮] 핀다[發]

| 곤궁하고 운이 없는 사람이 행운을 만나서 잘됨을 비유한 말 |

고목발영을 직역하면 '마른 나무에서 꽃이 핀다'는 뜻입니다.
고목(枯木)은 마른 나무, 발영(發榮)은 꽃을 피우다는 의미입니다.
죽어버린 듯한 나무에서도 꽃이 피어나듯이, 절망적인 상황에서도 다시 희망이 생기고 기적 같은 일이 일어나는 상황을 표현할 때 사용합니다.
이 표현은 절망 속에서도 희망을 잃지 말라는 교훈을 주는 말로, 극적인 반전을 맞이한 상황에서 사용하기 좋은 표현입니다.

• 관련된 성어

고목생화(枯木生花) : 말라 죽어 있는 마른나무에서 꽃이 핀다는 뜻.

예문 그는 수많은 시련 끝에 **고목발영**을 이루어내며, 다시 꿈을 이루었다.

枯	木	發	榮
마를 고	뼈 골	필 발	꽃 영

고목발영 枯木發榮

내일은 오늘보다 더 나은 날이 될 수 있음을 믿어야 한다.
오늘의 어려움도 결국엔 나를 더 강하게 만들 것이다.

- 조지프 캠벨(Joseph Campbell) -

우리는 절망의 순간에도 희망을 잃지 말고, 내일은
오늘보다 더 나은 날이 될 것이라는 믿음을 잃지 말아야 합니다.

38 주경야독 晝耕夜讀
사자성어
명언 필사 3

낮에는[晝] 밭을[耕] 갈고, 밤에는[夜] 책을 읽다[讀]

| 바쁘고 어려운 중에도 꿋꿋이 공부함을 이르는 말 |

주경야독을 직역하면 '낮에는 밭을 갈고 밤에는 책을 읽다'는 뜻입니다.
농사일을 하면서도 학문을 꾸준히 익히려는 사람들의 모습을 비유한 말로, 자기 계발을 위해 노력하는 사람이나 공부와 일을 병행하는 사람을 칭찬할 때 사용됩니다.
예를 들어, 일을 하면서도 학문에 대한 열정을 놓지 않고 꾸준히 공부하는 사람에게 이 표현을 쓸 수 있습니다.

• 관련된 성어
  불철주야(不撤晝夜) : 밤낮을 가리지 아니함.
  주야장천(晝夜長川) : 밤낮으로 쉬지 않고 잇따라.

예문 그는 **주경야독**으로 어려운 상황에서도 꾸준히 학문을 쌓아갔다.

晝	耕	夜	讀
낮 주	밭갈 경	밤 야	읽을 독

◆◇◆
주경야독 晝耕夜讀

위대한 사람들은 하루하루를 최선을 다해 살아간다.
그들은 하루의 일과 속에서 중요한 것을 놓치지 않으며,
매 순간을 자기 계발의 기회로 삼는다.

- 벤자민 프랭클린(Benjamin Franklin) -

우리는 결과보다는 과정에 충실해야 합니다.
일상의 선택이 쌓여 결국 인생을 바꾸기 때문입니다.

39 와신상담 臥薪嘗膽
사자성어
명언 필사 3

섶나무에[薪] 누워[臥] 쓸개를[膽] 맛본다[薪]

| 원수를 갚으려 어려움을 참고 견디는 것을 이르는 말 |

와신상담을 직역하면 '섶나무에 누워 쓸개를 맛본다'는 뜻입니다.
중국 춘추(春秋) 시대에 오(嗚)나라의 왕 부차(夫差)가 아버지의 원수를 갚고자 섶에 누워 잠을 자며 복수를 꾀하여 월(越)나라의 왕 구천(句踐)을 항복시켰고, 패한 구천은 쓸개를 맛보며 복수를 꾀하여 다시 부차를 패배시킨 고사에서 유래하였습니다.
즉, 큰 고난과 시련을 겪으며 복수나 목표를 위해 견디는 것을 의미합니다.
이 표현은 어떤 어려운 상황에서도 목표를 향한 끈질긴 의지와 인내를 강조할 때 사용합니다.

• 관련된 성어
  고진감래(苦盡甘來) : 고생 끝에 낙이 온다.

예문 그는 **와신상담**의 정신으로 수년간 힘든 훈련을 견뎠다.

臥	耕	嘗	膽
누울 와	섶나무 신	맛볼 상	쓸개 담

와신상담 臥薪嘗膽

우리는 자신이 감당할 수 있는 고통의 양만큼 성장한다.
고통이 클수록 그로부터 얻는 교훈도 깊고,
결국 우리를 더욱 강하게 만든다.

- 프리드리히 니체 (Friedrich Nietzsche) -

우리는 고통을 겪을 때 그 깊이만큼 성장하고,
결국 그 경험은 우리를 더 강하고 지혜로운 사람으로 만듭니다.

40 사자성어 명언 필사 3

부화뇌동 附和雷同
천둥소리에[雷] 맞춰[同][附] 따르다[和]

| 줏대 없이 의견을 같이하여 움직이다 |

부화뇌동을 직역하면 '천둥소리에 맞춰 따르다'라는 뜻입니다.
자기의 주관 없이 남의 의견에 무조건 따라가는 태도를 비유한 말로, 깊이 생각하지 않고 남의 의견에 무턱대고 동조하는 상황을 표현할 때 사용됩니다.
이 표현은 독창성과 비판적 사고의 부재를 강조하며, 무분별한 동조를 비판적으로 나타내는 데 쓰입니다.

• 관련된 성어
부화수행(附和隨行): 남의 의견을 맹목적으로 좇아 함께 어울림.
여진여퇴(旅進旅退): 남의 의견을 맹목적으로 좇아 함께 어울림.

예문 그는 다른 사람들이 하는 대로 **부화뇌동**만 하며 자신의 의견을 내지 않았다.

附	和	雷	同
붙을 부	답할 화	우레 뢰	한가지 동

부화뇌동 附和雷同

대중이 옳다고 믿는 것이 반드시 옳은 것은 아니다.
다수의 의견을 따라가다 보면, 종종 잘못된 길로 가게 된다.

- 존 스튜어트 밀 (John Stuart Mill) -

대중의 의견을 무비판적으로 따르기보다는 자신의
독립적인 사고와 판단을 통해 옳은 길을 선택하는 것이 중요합니다.

41 과유불급 過猶不及

사자성어
명언 필사 3

지나침은[過][猶] 미치지[及] 못함과[不] 같다

| 정도가 지나침은 미치지 못한 것과 같음 |

과유불급을 직역하면 '지나침은 미치지 못함과 같다'라는 뜻입니다.
지나침과 미치지 못함이 모두 좋지 않음을 비유적으로 표현한 말입니다.
즉, 너무 지나치거나 부족한 것 모두 적당하지 않다는 것을 표현할 때 사용됩니다.
이 표현은 적당함의 중요성을 강조하며, 균형 잡힌 태도의 필요성을 나타내는 데 쓰입니다.

• 한자의 발견

及(급) : 갑골문을 보면 사람이 마치 누군가를 붙잡으려는 듯한 모습이다. 이것은 누군가에게 다다르고 있다는 뜻을 표현한 것으로, '미치다', '이르다'라는 뜻을 가진 글자가 되었다.

예문 그는 **과유불급**으로 많은 일을 맡아 결국 모든 것을 제대로 하지 못했다.

過	猶	不	及
지날 과	오히려 유	아니 불	미칠 급

과유불급 過猶不及

이상적인 상태는 균형이다.
너무 많이 가지고 있으면 그것이 나를 지배하게 되고,
너무 적으면 부족함에 시달린다.

- 조지 오웰 (George Orwell) -

균형을 잃은 삶은 불안과 혼란을 가져오지만, 균형 잡힌 삶은
우리가 가진 것에 감사하며 진정한 행복을 찾는 길입니다.

42 심사숙고 深思熟考

사자성어
명언 필사 3

깊이[深] 생각하고[思] 충분히[熟] 고려함[考]

| 깊이 생각하고 신중하게 판단함 |

심사숙고를 직역하면 '깊이 생각하고 충분히 고려하다'라는 뜻입니다.
심사(深思)는 깊이 생각하다, 숙고(熟考)는 충분히 고려하다는 의미입니다.
어떤 일이나 문제를 가볍게 결정하지 않고, 깊이 생각하고 충분히 검토하는 태도를 의미합니다.
이 말은 성급하게 판단하지 않고 신중하게 고민하는 상황일 때 표현합니다.

• 관련된 성어와 어휘

삼사일언(三思一言) : 세 번 생각하고 한 번 말한다.
고심(苦心) : 몹시 애를 태우며 마음을 씀.

예문 이 문제는 **심사숙고**한 후에 결정하겠습니다.

深	思	熟	考
깊을 심	생각 사	익을 숙	생각할 고

심사숙고 深思熟考

인생의 모든 중요한 문제는
깊은 생각과 신중한 판단을 요한다.
성급한 행동이 만들어내는 것은 오직 실수뿐이다.

- 윌리엄 셰익스피어 (William Shakespeare) -

눈앞의 이득만 생각하기보다는 그 결정이 장기적으로
어떤 영향을 미칠지를 고려하는 습관을 만들어야 합니다.

43 변화무쌍 變化無雙

사자성어 명언 필사 3

변화가[變][化] 비할 때[雙] 없다[無]

| 바뀌어 달라짐이 매우 많거나 심하다 |

변화무쌍을 직역하면 '변화가 비할 때 없다'라는 뜻입니다.
변화(變化)는 변화하다, 무쌍(無雙)은 비교할 때가 없다는 의미로, 어떤 대상이나 상황이 일정하지 않고 계속 바뀌어 예측하기 어려움을 표현할 때 사용합니다.
또한 날씨, 자연환경, 사람의 감정, 사회적 흐름 등 변화가 심한 대상에 활용할 수 있습니다.

• 관련된 성어
  천변만화(千變萬化) : 수많은 변화가 일어남.
  천태만상(千態萬象) : 천 가지 모습과 만 가지 형상.

예문 주식 시장은 **변화무쌍**하므로 신중한 투자가 필요하다.

變	化	無	雙
변할 변	화할 화	없을 무	견줄 쌍

변화무쌍 變化無雙

변화는 언제나 우리 앞에 있다.
우리가 해야 할 일은 그것을 두려워하지 않고 배우는 것이다.

- 앨빈 토플러 (Alvin Toffler) -

변화는 피할 수 없는 현실이며, 이를 두려워하지 않고
배우며 성장하는 것이 우리의 삶을 풍요롭게 만드는 것입니다.

44 사자성어 명언 필사 3

천편일률 千篇一律
천 개의[千] 글이[篇] 하나의[一] 규칙을[律] 따른다

| 여러 사물이 개성이 없이 모두 비슷비슷함을 비유한 말 |

천편일률을 직역하면 '천 개의 글이 하나의 규칙을 따른다'는 뜻입니다.
천편(千篇)은 천 개의 글, 일률(一律)은 한 가지 법칙의 의미로, 다양한 것들이 모두 똑같거나 획일적이고 개성이 없다는 뜻입니다.
이 표현은 다양한 요소들이 있어야 할 곳에, 그 특성이나 개성이 사라지고 일정한 규칙이나 방식에 따라 모든 것이 동일해지는 상황을 비판적으로 표현할 때 사용합니다.

• 관련된 성어와 어휘
  대동소이(大同小異) : 큰 차이 없이 거의 같음.
  획일적, 개성 없는, 일률적

예문 입시 위주 교육은 학생들의 사고를 **천편일률**적으로 만든다.

千	篇	一	律
일천 천	책 편	한 일	법칙 률

천편일률 千篇一律

창의성은 일상적인 방식에서 벗어나
새로운 시각으로 세상을 보는 능력이다.
동일한 방식만 고집하는 것은 발전을 방해한다.

- 알버트 아인슈타인 (Albert Einstein) -

창의성은 기존의 틀을 벗어나
새로운 시각으로 세상을 바라보는 용기에서 시작됩니다.

45 낭중지추 囊中之錐

사자성어 명언 필사 3

주머니[囊] 속의[中][之] 송곳[錐]

| 재능이 뛰어난 사람은 숨어 있어도 저절로 남의 눈에 띄게 됨 |

낭중지추를 직역하면 '주머니 속의 송곳'이라는 뜻입니다.
사람이나 사물의 뛰어난 능력이나 재능은 감추어지지 않고 결국 드러난다는 의미로, 뛰어난 능력이나 재능이 자연스럽게 드러나는 상황을 강조할 때 사용됩니다. 주로 인재, 실력자, 독보적인 능력을 표현하는 긍정적인 의미로 표현됩니다.

• 관련된 성어

군계일학(群鷄一鶴) : 평범한 사람들 속에 뛰어난 한 사람이 있음.
철중쟁쟁(鐵中錚錚) : 많은 평범한 사람 중에서도 유독 뛰어난 사람

예문 진정한 리더십은 **낭중지추**처럼 시간 지나면 드러난다.

囊	中	之	錐
주머니 낭	가운데 중	갈 지	송곳 추

낭중지추 囊中之錐

탁월함은 숨길 수 없다.
마치 태양이 구름 사이에서 모습을 드러내듯이,
진정한 재능은 세상의 시선을 피할 수 없다.

- 호레이스 (Horace) -

태양이 구름 사이를 뚫고 세상을 밝히듯이,
당신의 능력 또한 언젠가는 세상을 밝힐 것입니다.

46 목불인견 目不忍見

사자성어
명언 필사 3

눈으로[目] 차마[忍] 볼 수[見] 없음[不]

| 너무나 끔찍하거나 비참해서 차마 볼 수 없는 상황 |

목불인견을 직역하면 '눈으로 차마 볼 수 없음'이라는 뜻입니다.
목불(目不)은 눈으로 차마, 인견(忍見)은 볼 수 없음을 의미하며, 너무 참혹하거나 안타까운 상황이 벌어져 차마 눈을 뜨고 볼 수 없음을 뜻합니다.
즉, 비극적인 장면이나 처참한 광경을 보았을 때, 혹은 누군가 큰 실수를 저질러 보는 사람이 민망한 상황을 표현할 때 사용합니다.
주로 재난, 전쟁, 사회적 비극, 심각한 윤리적 문제 등에 쓰이며, 강한 공감과 비판을 담은 표현입니다.

• 관련된 성어

　불인정시(不忍正視) : 참혹하여 차마 볼 수가 없음.

예문　아이들의 기아 상태는 **목불인견**이어서 마음이 아팠다.

目	不	忍	見
눈 목	아니 불	참을 인	볼 견

목불인견 目不忍見

세상의 고통을 외면하는 것은 한순간일지 모르지만,
그 고통을 겪는 사람들에게는 영원한 상처가 된다.

- 마더 테레사 (Mother Teresa) -

사회적 불의와 아픔을 모른 척하는 것이 순간적으로는
편할지 몰라도 그 결과는 결국 우리 모두에게 고통이 됩니다..

47 자중자애 自重自愛

사자성어
명언 필사 3

자신을[自] 중하고[重] 자신을[自] 사랑한다[愛]

| 말이나 행동, 몸가짐을 삼가 신중하게 함 |

자중자애를 직역하면 '자신을 중하고 자신을 사랑한다'는 뜻입니다.
자중(自重)은 자신을 소중하게 자애(自愛)는 자신을 사랑한다는 의미로, 자기 자신을 소중히 여기고 아끼며, 함부로 행동하지 않는 태도를 말합니다.
즉, 개인의 도덕성, 성숙도, 사회적 책임감을 강조할 때 사용되며, 바람직한 삶의 자세를 상징하는 긍정적인 표현입니다.

• 관련된 성어
자기관리(自己管理) : 자신을 통제하고 관리함.
자기존중(自己尊重) : 자신의 가치를 인정하고 소중히 여김.

예문 그는 항상 **자중자애**의 태도로 주변의 신뢰를 얻었다.

自	重	自	愛
스스로 자	무거울 중	스스로 자	사랑 애

자중자애 自重自愛

당신 자신을 사랑하는 법을 배우기 전까지는,
다른 누구도 진정으로 사랑할 수 없다.

- 루퍼트 스팰딩(Rupert Spalding) -

자신을 사랑한다는 것은 자신의 불완전함을 인정하고,
실수를 성장의 기회로 여기는 태도에서부터 시작됩니다.

48 속수무책 束手無策

사자성어
명언 필사 3

손을[手] 묶어[束] 아무런 방법이[策] 없다[無]

| 어찌할 도리나 방책이 없어 꼼짝 못함 |

속수무책을 직역하면 '손을 묶어 아무런 방법이 없다'는 뜻입니다.
아무런 해결 방법이 없어 꼼짝달싹 못하는 상태나 어떠한 대응도 할 수 없는 무력한 상황을 표현한 말입니다.
즉, 완전히 막힌 상태에서 아무런 해결책이 없는 상황을 표현할 때 사용됩니다.
주로 위기, 재난, 갑작스러운 문제에 대한 무력감을 표현하며, 극한의 어려움을 나타내는 부정적 뉘앙스의 표현입니다.

• 관련된 성어와 어휘

진퇴양난(進退兩難) : 나아갈 수도 물러설 수도 없는 곤경.
'손 쓸 도리가 없다', '궁지에 몰리다'

예문 피해 규모가 너무 커서 당국도 **속수무책**이었다.

束	手	無	策
묶을 속	손 수	없을 무	꾀 책

속수무책 束手無策

인생에는 해결책이 없는 문제들이 존재하지만,
그 문제들을 받아들이는 법을 배우는 것이 중요하다.

- 폴 오스터(Paul Auster) -

해결할 수 없는 문제들을 그대로 받아들이고, 그것이
내 삶의 일부임을 인정하는 것이야말로 진정한 성숙의 시작입니다.

49 오불관언 吾不關焉

사자성어
명언 필사 3

나는[吾] 그 일에[焉] 관여하지[關] 않음[不]

| 나는 상관하지 아니함 |

오불관언을 직역하면 '나는 그 일에 관여하지 않는다'는 뜻입니다.
자기와 무관한 일에 개입하지 않거나 관심을 거두는 태도를 의미합니다.
'내 일이 아니니 상관하지 않겠다', '방관자적 태도'라는 뉘앙스로도 쓰입니다.
이 표현은 고사성어나 한문 계열 글에서 자주 등장하며, 현대 한국어에서는 주로
문어적·격식 있는 맥락에서 사용됩니다.

• 관련된 성어와 어휘
  수수방관(袖手傍觀) : 팔장을 끼고 보고만 있다는 뜻.
  무관심(無關心) : 관심이 없음.

예문 남의 문제에 **오불관언** 태도를 보이는 것은 이기적이다.

吾	不	關	焉
나 오	아니 불	관계할 관	어찌 언

오불관언 吾不關焉

세상이 위험한 것은 악을 행하는 사람들 때문이 아니라,
그것을 보고도 아무것도 하지 않는 사람들 때문이다.

- 알베르트 아인슈타인 (Albert Einstein) -

불의 앞에서의 침묵은 중립이 아니라 동조이며,
방관은 결국 더 큰 악을 키우는 것입니다.

50 명실상부 名實相符
사자성어
명언 필사 3

이름과[名] 실체가[實] 서로[相] 일치한다[符]

| 이름과 실상이 서로 꼭 들어맞음 |

명실상부를 직역하면 '이름과 실체가 서로 일치한다'는 뜻입니다.
겉으로 알려진 명성과 실제 능력이나 실력이 일치함을 의미하며, 진정한 실력을 갖춘 사람 또는 명성과 실력이 조화를 이루는 상황을 표현할 때 주로 사용됩니다. 이 표현은 격식 있는 칭찬이나 평가에 자주 사용되며, 한자어의 중후함 덕분에 공식 문서나 리뷰에서도 활용됩니다.

• 관련된 성어
  명불허전(名不虛傳) : 명성이나 명예가 헛되이 전하여지는 것이 아님.

예문 이 기업은 혁신적인 기술력으로 **명실상부**한 글로벌 브랜드가 되었다.

名	實	相	符
이름 명	열매 실	서로 상	부호 부

명실상부 名實相符

명성은 나뭇잎이고, 인격은 열매다.
사람들은 종종 잎을 신경 쓰지만, 결국 중요한 것은 열매다.

- 로버트 그린 인거솔 (Robert Green Ingersoll) -

이름을 가꾸는 것이 아니라,
그 이름에 걸맞은 사람이 되는 것이 중요합니다.

51 불문곡직 不問曲直

사자성어
명언 필사 3

옳고[直] 그름을[曲] 묻지[問] 않는다[不]

| 사리의 옳고 그름을 따져 묻지 않음 |

불문곡직을 직역하면 '옳고 그름을 묻지 않는다'는 뜻입니다.
불문(不問)은 묻지 않음, 곡직(曲直)은 옳고 그름을 의미하는 말로, 개인적 감정, 권력, 편견에 의해 옳고 그름을 따지지 않고 무조건 따르거나 거부하는 것을 비판할 때 사용됩니다.
이 표현은 주로 권위적이거나 비합리적인 결정을 비판할 때 사용됩니다.

• 관련된 성어

불문곡절(不問曲折) : 사정이나 과정을 묻지 않음.
맹목적(盲目的) : 분별없이 행동함.

예문 법이 아니라 감정에 따라 **불문곡직** 결정을 내리는 것은 옳지 않다.

不	問	曲	直
아니 불	물을 문	굽을 곡	곧을 직

불문곡직 不問曲直

대중은 종종 사실보다는 감정에 따라 움직이며,
사리를 따지기보다는 분위기에 휩쓸린다.

- 귀스타브 르 봉 (Gustave Le Bon) -

분위기에 휩쓸려 판단하기보다는
스스로 생각하고 판단하는 지혜로운 분별력을 가져야 합니다.

52 금의환향 錦衣還鄉

사자성어 명언 필사 3

비단옷을[錦][衣] 입고 고향으로[鄉] 돌아오다[還]

| 출세하여 고향으로 돌아옴 |

금의환향을 직역하면 '비단옷을 입고 고향으로 돌아오다'는 뜻입니다. 즉, 사회적으로 성공하거나 명예를 얻고 고향으로 돌아가는 것을 의미합니다. 이 표현은 오랜 노력 끝에 큰 성취를 이룬 사람이 부모님과 친지, 고향 사람들에게 자신의 성공을 자랑하는 모습을 비유할 때 사용합니다. 보통은 긍정적으로 쓰이지만, 과시하는 태도를 비판할 때도 사용될 수 있습니다.

• 관련된 성어

금의주행(錦衣晝行) : 비단옷을 입고 고향에 돌아온다.
입신양명(立身揚名) : 출세하여 이름을 세상에 떨침.

예문 그는 **금의환향**하듯 고향 마을에 명문대 합격 소식을 전했다.

錦	衣	還	鄉
비단 금	옷 의	돌아올 환	시골 향

금의환향 錦衣還鄕

고향으로 돌아가는 것은 단순한 귀환이 아니다.
그것은 자신의 성장과 성취를 증명하는 순간이다.

- 랄프 월도 에머슨 (Ralph Waldo Emerson) -

고향으로 돌아간다는 것은 단순히 몸만 돌아가는 것이 아니라,
성장한 마음과 성취한 결과를 함께 가져가는 곳입니다..

53 요령부득 要領不得

사자성어 명언 필사 3

요점을[要][領] 얻지[得] 못하다[不]

| 중심이 되는 생각이나 줄거리가 분명하지 않다 |

요령부득을 직역하면 '요점을 얻지 못하다'는 뜻입니다.
즉, 핵심을 파악하지 못하거나 요점을 잡을 수 없는 상태이거나 일에 대한 본질을 파악하지 못하여 정확한 해결책을 찾지 못하는 상황을 비유한 말입니다.
이 표현은 학문, 설명, 기술 습득 등에서 핵심을 이해하지 못할 때 사용되며, 이해의 어려움을 강조할 때 자주 쓰입니다.

• 관련된 성어
미숙지학(未熟知學) : 충분히 알지 못하거나 잘 모른다는 의미.
부득요령(不得要領) : 중심이 되는 생각이나 줄거리가 분명하지 않다.

예문 아무리 설명을 들어도 **요령부득**이라서 이해가 되지 않는다.

要	領	不	得
구할 요	옷깃 령	아닐 부	얻을 득

◆◇◆
요령부득 要領不得

우리는 너무 많은 정보 속에서 살아가지만,
결국 그것들이 중요한 것인지,
무엇이 본질적인지 파악하지 못할 때가 많다.

- 마셜 맥루한 (Marshall McLuhan) -

정보의 홍수 속에서 본질을 잃지 않기 위해,
우리는 중요한 것에 집중하는 능력을 길러야 합니다.

54 일목요연 一目瞭然
사자성어
명언 필사 3

한 번[一] 보고[目] 명백하게[瞭] 알 수 있다[然]

| 한 번 보아서 훤히 알 수 있을 정도로 분명하다 |

일목요연을 직역하면 '한 번 보고 명백하게 알 수 있다'는 뜻입니다.
어떤 일이 매우 분명하고 쉽게 이해된다는 의미로, 복잡하지 않고 간단명료하여 누구나 한 번 보고 즉시 이해할 수 있는 상황을 표현할 때 사용합니다.
이 표현은 명료함과 체계성을 강조할 때 자주 사용되며, 간결한 설명이나 시각적 자료를 칭찬할 때 특히 유용합니다.

• 관련된 성어와 어휘
간결명료(簡潔明瞭) : 간단하고 명확하다.
자명(自明) : 스스로 명백하게 드러나 이해할 수 있다는 뜻.

예문 이 보고서는 **일목요연**하게 핵심을 정리했다.

一	領	瞭	然
한 일	눈 목	밝을 료	그러할 연

일목요연 一目瞭然

훌륭한 설명은 마치 투명한 유리창 같아야 한다.
내용을 가리지 않고 그대로 보여줄 때 가장 효과적이다.

- 조지 오웰 (George Orwell) -

복잡한 내용을 쉽게 풀어내는 것은 잘 설명하는 것이 아니라,
그 내용을 깊이 이해하고 있다는 증거입니다.

55 사자성어 명언 필사 3

상전벽해 桑田碧海

뽕나무[桑] 밭과[田] 푸른[碧] 바다[海]

| 세상일의 변천이 심함을 비유적으로 이르는 말 |

상전벽해를 직역하면 '뽕나무 밭과 푸른 바다'라는 뜻입니다.
원래 바다였던 곳이 뽕나무 밭으로 변할 정도로 시간이 흐르며 세상이 완전히 뒤바뀌는 큰 변화를 강조할 때 사용하는 표현입니다.
중국의 도가 사상에서 유래한 말로, 인간이 인식하는 세계는 늘 변하기 마련이며, 시간이 흐르면 과거의 모습은 상상할 수 없을 만큼 달라질 수 있다는 의미를 담고 있습니다.

- **관련된 성어**

  천지개벽(天地開闢) : 세상이 완전히 새로워짐.

  창상지변(滄桑之變) : 세상의 변천이 심함.

예문 디지털 기술의 발전으로 **상전벽해** 같은 변혁이 일어났다.

桑	田	碧	海
뽕나무 상	밭 전	푸를 벽	바다 해

상전벽해 桑田碧海

과거를 돌아보면 먼지 속에 묻힌 유적처럼 낯설고,
미래를 내다보면 안개 속을 걷는 듯하다

- 앙드레 모루아(André Maurois) -

미래를 두려워하기보다, 지금 이 순간 최선을 다해 살아가는 것,
그것이 변화 속에서 흔들리지 않는 삶의 자세일 것입니다.

56 파란만장 波瀾萬丈

사자성어 명언 필사 3

파도가[波][瀾] 만[萬] 길이나[丈] 높다

| 기복이 많고 변화가 몹시 심하다 |

파란만장을 직역하면 '파도가 만 길이나 치솟다'라는 뜻입니다.
인생이나 사건이 굴곡이 심하고 험난한 과정을 겪음을 비유한 말입니다.
즉, 단순한 변화를 넘어서 극적인 사건과 기복이 많은 삶이나 상황을 비유할 때 사용합니다. 특히, 많은 고난을 겪었지만 극복하고 성장하는 과정에 초점을 맞출 때 자주 쓰입니다.

• 관련된 성어
  풍전등화(風前燈火) : 바람 앞의 등불처럼 위태롭고 불안정한 상황.
  우여곡절(迂餘曲折) : 여러 복잡한 사정이나 굴곡이 많음.

예문 그의 인생은 **파란만장**한 삶이었다.

波	瀾	萬	丈
물결 파	물결 란	일만 만	어른 장

파란만장 波瀾萬丈

인생은 폭풍이 지나가길 기다리는 것이 아니라,
빗속에서 춤추는 법을 배우는 것이다.

- 비비언 그린(Vivian Greene) -

삶은 기다리는 시간이 아니라, 시련 속에서
배움을 얻고 그 속에서 성장하는 경험을 쌓아가는 것입니다.

57 우여곡절 迂餘曲折

사자성어
명언 필사 3

길이[餘] 굽고[迂] 구부러지며[曲] 꺾인다[折]

| 여러 가지로 뒤얽힌 복잡한 사정이나 변화 |

우여곡절을 직역하면 '길이 굽고 구부러지며 꺾인다'는 뜻입니다.
여러 가지 어려운 일이나 복잡한 과정을 겪은 상황을 나타냅니다.
즉, 주로 힘들고 복잡한 상황을 거쳐 온 결과나, 여러 가지 우여곡절을 겪은 일을 표현할 때 사용됩니다.
이 표현은 예기치 않은 장애물이나 복잡한 과정을 강조할 때 적합합니다.

• 관련된 성어

파란만장(波瀾萬丈) : 파도와 물결이 매우 크고 깊다는 의미.
난관돌파(難關突破) : 어려운 장애물을 극복하는 과정.

예문 그 법안이 통과되기까지 **우여곡절**이 있었다.

迂	餘	曲	折
멀 우	남을 여	굽을 곡	꺾을 절

우여곡절 迂餘曲折

성공의 길은 한 번에 평탄하지 않다.
그 길은 돌이 많고, 구불구불하지만,
결국 그 길을 걸어가는 사람에게만 보상이 주어진다.

- 존 우든 (John Wooden) -

세상이 우리에게 던지는 시련과 어려움은,
우리가 얼마나 성장할 수 있는지를 보여주는 시험일 뿐입니다.

58 일언반구 一言半句

사자성어
명언 필사 3

한마디의[一] 말과[言] 반[半] 구절[句]

| 아주 짧은 말을 이르는 말 |

일언반구를 직역하면 '한마디의 말과 반 구절'이라는 뜻입니다.
일언(一言)은 한마디의 말, 반구(半句)는 짧은 글이나 구절로, 간단한 말이나 짧은 발언을 의미합니다.
즉, 말을 아끼고 간결하게 핵심만을 전달해야 하는 상황에서 쓰이며, 긴 설명이나 이야기 대신, 단호하고 명확한 한두 마디로 뜻을 전할 때 사용됩니다.

- 관련된 성어

일언반사(一言半辭) : 한마디 말과 반쪽짜리 단어.
단사표의(片辭表意) : 아주 간단한 말로 자신의 의사를 표현함.

예문 그는 변명 한마디 없이 **일언반구** 없이 자리를 떠났다.

一	言	半	辭
한 일	말씀 언	반 반	말씀 사

일언반구 一言半句

말의 수가 많다고 해서
그것이 더 많은 지혜를 의미하지 않는다.
진정한 지혜는 핵심을 간결하게 말할 수 있는 능력에 있다.

- 마르쿠스 아우렐리우스 (Marcus Aurelius) -

우리가 배워야 할 것은 말의 양을 채우는 것이 아니라,
어떻게 명확하고 강렬하게 전달할 수 있을지 고민하는 것입니다.

59 사자성어 명언 필사 3

발본색원 拔本塞源
뿌리를[本] 뽑아[拔] 근원을[源] 막다[塞]

| 좋지 않은 일의 근본 원인이 되는 요소를 완전히 없애 버림 |

발본색원을 직역하면 '뿌리를 뽑아 근원을 막다'라는 뜻입니다.
발본(拔本)은 뿌리(근본)을 뽑다, 색원(塞源)은 근원을 막다는 의미로, 어떤 문제나 잘못된 일의 근본적인 원인을 찾아서 근본부터 해결하거나, 문제의 뿌리를 없애는 것을 뜻합니다.
작은 문제나 사소한 부분을 놓치지 않고, 그 문제의 기원을 파악하여 해결책을 제시해야 한다는 의미로 사용될 수 있습니다.

- 관련된 성어
  일소영근(一掃零根) : 쓸어버리고 뿌리까지 제거.
  근본원인(根本原因) : 근본적인 원인.

예문 정치인의 부패를 **발본색원**해야 한다.

拔	本	塞	源
뽑을 발	근본 본	막을 색	근원 원

발본색원 拔本塞源

우리는 문제를 해결할 때
항상 겉으로 보이는 것을 처리하려 한다.
그러나 진정한 해결책은
문제의 근본 원인에 대한 깊은 통찰에서 나온다.

- 레이 달리오 (Ray Dalio) -

진정한 문제의 해결은 겉모습이 아니라
문제의 뿌리를 들여다보는 통찰에서 시작됩니다.

60 사자성어 명언 필사 3

불철주야 不撤晝夜

낮과[晝] 밤을[夜] 멈추지[撤] 않는다[不]

| 어떤 일을 함에 있어 밤낮을 가리지 않음 |

불철주야를 직역하면 '낮과 밤을 멈추지 않는다'라는 뜻입니다.
밤낮을 가리지 않고 계속한다는 의미로, 어떤 일을 중단 없이, 매우 열심히 지속적으로 하는 태도나 상태를 표현할 때 사용합니다.
이 표현은 성실함, 노력, 집중, 헌신의 맥락에서 자주 쓰이며, 일이나 공부 등 몰입하여 끊임없이 하는 상황을 강조하는 말입니다.

• 관련된 성어

주야장천(晝夜長川) : 낮이나 밤이나 쉴 새 없이 계속됨.
주이계야(晝而繼夜) : 낮이나 밤이나 쉬지 않고 일함.

예문 작가는 원고 마감을 맞추기 위해 **불철주야**로 글을 썼다.

不	撤	晝	夜
아니 불	거둘 철	낮 주	밤 야

불철주야 不撤晝夜

위대한 사람은 하루아침에 만들어지지 않는다.
그들은 매일매일 자신을 단련하고,
밤낮없이 노력하며 성장한다.

- 존 러스킨 (John Ruskin) -

위대한 성공은 하루아침에 이루어지지 않으며,
매일 쌓아 올린 노력의 결과물로 만들어집니다.

61 자화자찬 自畵自讚

사자성어
명언 필사 3

자기가[自] 그린 그림을[畵] 자기가[自] 칭찬한다[讚]

| 자기가 한 일에 대해서 자기 스스로 칭찬함 |

자화자찬을 직역하면 '자기가 그린 그림을 자기가 칭찬하다.'라는 뜻입니다.
자화(自畵)는 자기 그림, 자찬(自讚)은 스스로를 칭찬하다는 의미로, 자신이 그린 그림을 보고 자신이 스스로 칭찬하는 행위를 말합니다.
즉, 이 표현은 자기 자신을 스스로 칭찬하는 것을 의미하며, 보통 겸손하지 못한 태도를 비판할 때 사용됩니다.
그러나 때때로 자기 동기부여나 긍정적인 자기 평가의 의미로도 쓰일 수 있습니다.

• 관련된 성어

자기과시(自己誇示) : 스스로를 지나치게 뽐내는 것.

예문 그 사람은 늘 자기 업적을 과장하며 **자화자찬**을 늘어놓는다.

自	畵	自	讚
스스로 자	그림 화	스스로 자	기릴 찬

자화자찬 自畵自讚

자기 자신을 칭찬하는 것은 미덕이 아니라 어리석음이다.
지혜로운 사람은 남들의 평가를 기다린다.

- 윌리엄 셰익스피어 (William Shakespeare) -

참된 가치는 말이 아니라 행동으로 증명되고,
칭찬은 스스로가 아닌 타인에 의해 평가 되는 것입니다.

62 난상토론 爛商討論

사자성어
명언 필사 3

문드러지도록[爛] 상의하고[商] 논의함[討][論]

| 여러 사람이 모여서 충분히 의논함 |

난상토론을 직역하면 '문드러지도록 상의하고 논의하다'는 뜻입니다.
서로의 주장을 마구잡이로 내놓으며 지나치게 격렬하게 토론하는 모습을 비유적으로 표현한 말입니다.
즉, 논리가 정리되지 않은 채 감정적으로 말다툼하거나, 끝없이 논쟁을 벌이는 상황을 묘사할 때 사용합니다.
이 표현은 일상에서는 말다툼이나 논쟁으로 대체되기도 합니다.

• 관련된 성어
  난상공의(爛商公議) : 여러 사람이 모여서 충분히 의논함.
  난상토의(爛商討議) : 충분히 의견을 나누어 토론하다.

예문 이번 기획안은 **난상토론**을 통해 다양한 아이디어를 모아 보자.

爛	商	討	議
문드러질 난(란)	헤아릴 상	칠 토	의논할 의

난상토론 爛商討論

자유로운 토론 없이는 진리가 생겨날 수 없다.
다양한 의견의 충돌은 우리가 틀린 생각을 걸러내고,
옳은 생각을 더욱 명확히 하는 데 필수적이다.

- 존 스튜어트 밀 (John Stuart Mill) -

토론이란 서로를 비판하기 위해서가 아니라,
서로를 존중하며 더 나은 결과로 이끌기 위한 것입니다.

63 탁상공론 卓上空論

사자성어
명언 필사 3

탁자[卓] 위에[上] 떠도는 헛된[空] 논의[論]

| 현실성이 없는 허황한 이론이나 논의 |

탁상공론을 직역하면 '탁자 위에 떠도는 헛된 논의'라는 뜻입니다.
실제 상황과는 거리가 먼, 실현 가능성 없는 이론이나 계획을 책상머리에서만 떠들어대는 것을 말합니다. 즉, 말로만 번지르르하게 논의할 뿐 현실성이나 실행력은 없는 논의를 비판할 때 쓰는 표현입니다.
이 말은 현실과 동떨어진 이론가나 실행력 없는 지도자를 풍자할 때 효과적입니다.

• 관련된 성어

궤상공론(机上空論): 실현 가능성 없는 허황한 이론이나 논의.
실사구시(實事求是): 실제 일에 근거하여 진리를 탐구한다.

예문 현장의 어려움을 무시한 **탁상공론**은 아무 소용이 없다.

卓	上	空	論
높을 탁	위 상	빌 공	의논할 논(론)

탁상공론 卓上空論

행동 없는 비전은 한낱 꿈에 불과하다.
비전 없는 행동은 시간 낭비일 뿐이다.
비전과 행동이 함께할 때 세상을 바꿀 수 있다.

- 조엘 바커(Joel Barker) -

논의는 지혜를 빚지만, 실천은 세상을 바꾸는 것처럼,
말로 쌓은 성벽은 바람에 무너지고, 걸어간 자국만이 길이 되는 것입니다..

64 실사구시 實事求是

사자성어
명언 필사 3

사실을[實][事] 근거로 진리를[是] 찾다[求]

| 사실에 바탕을 두어 진리를 탐구함 |

실사구시를 직역하면 '사실을 근거로 진리를 찾다'라는 뜻입니다.
사물의 실제 모습을 중시하고, 거짓이나 허례를 버리며 사실을 바탕으로 진리를 탐구하는 자세를 뜻합니다.
즉, 현실을 정확히 파악해 실제적인 해결책이 필요할 때나, 이론이나 겉치레보다 사실과 결과를 중시할 때 사용합니다.
특히 논리적 오류나 감정적 판단을 경계하는 맥락에서 자주 쓰입니다.

• 관련된 성어
  실증구실(實證求實) : 증거로 진실을 찾는다.
  이실직구(以實直求) : 사실로 직접 진리를 구한다.

예문 공약도 **실사구시** 정신으로 현실에 맞게 조정할 필요가 있다.

實	事	求	是
열매 실	일 사	구할 구	옳을 시

실사구시 實事求是

사실을 직면하는 것보다 더 위대한 미덕은 없다.
어떤 희망이나 두려움도 사실을 왜곡해서는 안 된다.

- 토마스 헉슬리 (Thomas Huxley) -

사실을 직면하고 받아들이는 용기야말로
삶을 책임지고 희망을 세우는 진정한 지혜입니다.

65 언행일치 言行一致

사자성어
명언 필사 3

말과[言] 행동이[行] 하나로[一] 이른다[致]

| 말과 그에 따른 행동이 같음 |

언행일치를 직역하면 '말과 행동이 하나로 이른다'는 뜻입니다.
말로 한 것과 실제 행동이 일치하는 것으로, 약속이나 주장한 바를 실제 행동으로도 실천하는 태도를 말합니다.
즉, 말과 행동이 일치할 때를 강조하거나, 신뢰를 얻기 위한 중요한 덕목을 강조할 때 표현합니다.
이 표현은 말만 하고 실천하지 않는 사람을 비판할 때 사용하기도 합니다.

• 관련된 성어

표리일체(表裏一體) : 겉과 속이 하나로 일치한다는 뜻.
지행합일(知行合一) : 아는 것과 행하는 것이 하나로 합쳐진다는 뜻.

예문   작은 약속도 지키는 그의 **언행일치**에 감동했다.

言　　行　　一　　致

말씀 언　　행위 행　　한 일　　이를 치

언행일치 言行一致

훌륭한 말은 누구나 할 수 있다.
그러나 훌륭한 행동은 아무나 할 수 없다.
말과 행동이 일치하는 사람은, 적은 말로도 큰 신뢰를 얻는다.

- 공자 (孔子) -

진정으로 신뢰받는 사람은 화려한 언변을 가진 이가 아니라,
행동으로 가치를 증명하는 사람이 신뢰를 얻는다는 것입니다.

66 사자성어 명언 필사 3

고진감래 苦盡甘來

쓴 것이[苦] 다하면[盡] 단 것이[甘] 온다[來]

| 고생 끝에 즐거움이 옴을 이르는 말 |

고진감래를 직역하면 '쓴 것이 다하면 단 것이 온다'는 뜻입니다.
고생 끝에 즐거움이 온다는 의미로, 힘들고 어려운 시기를 견디고 나면 결국 좋은 결과나 행복이 찾아온다는 뜻입니다.
즉, 힘들고 어려운 시간을 견딘 끝에 좋은 결과나 행복을 얻었을 때나, 고생 끝에 성공이나 보람을 느끼는 순간에 사용하는 표현입니다.

• 관련된 성어

흥진비래(興盡悲來) : 즐거운 일이 다하면 슬픈 일이 온다는 뜻.
고중작락(苦中作樂) : 고생 속에서 즐거움을 찾는다는 뜻.
구한감우(久旱甘雨) : 오랜 가뭄 끝에 내리는 단비.

예문 힘든 훈련을 이겨낸 후, **고진감래**의 기쁨을 맛보았다.

苦	盡	甘	來
쓸 고	다할 진	달 감	올 래

고진감래 苦盡甘來

보석은 마찰 없이는 빛날 수 없고,
사람도 시련 없이는 완성될 수 없다.

- 중국 속담 -

시련이란 우리를 갈고닦아
보석처럼 빛나게 만드는 성장의 과정입니다.

67 절체절명 絶體絶命

사자성어
명언 필사 3

몸도[體] 끊기고[絶] 목숨도[命] 끊어질[絶] 위기

| 몹시 위태롭거나 절박한 지경을 비유적으로 이르는 말 |

절체절명을 직역하면 '몸도 끊기고 목숨도 끊어질 위기'라는 뜻입니다.
절체(絶體)는 몸도 끊기고, 절명(絶命)은 목숨도 끊어지다는 의미로, 더 이상 피하거나 물러설 수 없는 극한의 위기 상황을 뜻합니다.
즉, 생사를 가를 만큼 절박하고 궁지에 몰린 상태를 말합니다.
이 표현은 도저히 빠져나갈 방법이 없는 극심한 위기나 마지막 순간을 묘사할 때 사용합니다.

• 관련된 성어

백척간두(百尺竿頭) : 백 자되는 장대 끝에 서 있는 듯 위태로운 상황.
풍전등화(風前燈火) : 바람 앞에 놓인 등불처럼, 매우 위태로운 상황.

예문 그는 **절체절명**의 순간에도 포기하지 않고 끝까지 싸웠다.

絶	體	絶	命
끊을 절	몸 체	끊을 절	목숨 명

절체절명 絶體絶命

희망은 새벽이 오기 직전
가장 어두운 순간에 피어나는 법이다.
절망 속에서도 희망을 잃지 말라.

- 데스몬드 투투 (Desmond Tutu) -

가장 깊은 절망 속에서도 희망을 놓지 않는
사람만이 새벽을 맞이할 수 있습니다.

68 사자성어 명언 필사 3

우문현답 愚問賢答

어리석은[愚] 질문에[問] 현명한[賢] 대답[答]

| 어리석은 질문에 대한 현명한 대답 |

우문현답을 직역하면 '어리석은 질문에 현명한 대답'이라는 뜻입니다.
다소 어리석거나 엉뚱한 질문에도 상대가 지혜롭고 핵심을 찌르는 대답을 하는 것을 뜻합니다.
누군가의 서툰 질문이나 엉뚱한 물음에도 불구하고, 상대가 차분하고 현명하게 답해줄 때 사용합니다. 또는 질문보다 답변이 훨씬 탁월하거나, 질문자의 의도를 뛰어넘는 깊은 해석이 나올 때 쓰기도 합니다.

• 관련된 성어

우문우답(愚問愚答) : 어리석은 질문에 대한 어리석은 대답.
현문우답(賢問愚答) : 사리에 밝은 물음에 대한 어리석고 둔한 대답.

예문 아이의 엉뚱한 물음에도, 어른은 **우문현답**으로 지혜를 전했다.

愚	問	賢	答
어리석을 우	물을 문	어질 현	대답할 답

◆◇◆
우문현답 愚問賢答

현명한 사람은 말할 것이 있어서 말하고,
어리석은 사람은 무언가를 말해야 하기 때문에 말한다.

- 플라톤 (Plato) -

현명한 이는 깊은 생각을 품고 필요한 순간에만 말하며,
어리석은 이는 비어 있는 마음을 감추려 쓸모없는 말을 쏟아냅니다.

69 사자성어 명언 필사 3

지지부진 遲遲不進

늦고[遲] 늦어서[遲] 나아가지[進] 못하다[不]

| 일이 매우 더디어 잘 진척되지 않음 |

지지부진을 직역하면 '늦고 늦어서 나아가지 못하다'는 뜻입니다.
일이 더디고 진전이 없는 상태를 의미하며, 어떤 일이 계획대로 진행되지 않고 지체되거나 답답할 정도로 느리게 이루어지는 상황을 뜻합니다.
즉, 계획이나 프로젝트가 기대만큼 진척되지 않거나, 누군가가 결정을 망설이며 행동하지 못할 때 사용합니다.
일을 빨리 추진해야 할 때 속도가 나지 않아 답답함을 느끼는 상황에서도 표현합니다.

• 관련된 성어

좌고우면(左顧右眄) : 왼쪽을 돌아보고 오른쪽을 곁눈질한다는 뜻.

예문 자료의 부족으로 연구가 **지지부진**하다.

遲　　遲　　不　　進

늦을 지　늦을 지　아닐 부　나아갈 진

지지부진 遲遲不進

성공한 사람과 실패한 사람의 차이는 아주 간단하다.
성공한 사람은 해야 할 일을 지금 하고, 실패한 사람은 미룬다.

- 알렉산더 그레이엄 벨 (Alexander Graham Bell) -

성공은 특별한 재능이 아니라,
지금 해야 할 일을 미루지 않고 행동하는 습관에서 비롯됩니다.

70 앙천대소 仰天大笑
사자성어 명언 필사 3

하늘을[天] 우러러보며[仰] 크게[大] 웃는다[笑]

| 하늘을 쳐다보며 크게 웃음 |

앙천대소를 직역하면 '하늘을 우러러보며 크게 웃는다'는 뜻입니다.
어처구니없는 일이나 예상치 못한 상황, 혹은 너무나 기가 막혀 고개를 젖히고 하늘을 바라보며 크게 웃는 것을 뜻합니다.
즉, 말도 안 되는 상황에 어이없어 웃음이 터질 때나, 예상치 못한 반전이나 우스꽝스러운 상황이 벌어졌을 때 사용합니다.

• 관련된 성어
박장대소(拍掌大笑): 손뼉을 치며 크게 웃음.
포복절도(抱腹絶倒): 배를 움켜쥐고 넘어질 정도로 웃음.

예문   그의 농담이 너무 웃겨서 나는 **앙천대소**를 하고 말았습니다.

仰	天	大	笑
우러를 앙	하늘 천	큰 대	웃을 소

앙천대소 仰天大笑

가장 심각한 순간에도 웃을 수 있다면,
당신은 결코 무너지지 않을 것이다.
웃음은 삶을 견디는 가장 강력한 무기다.

- 마야 안젤루 (Maya Angelou) -

어떤 고난 속에서도 웃음을 잃지 않는 사람이
진정으로 삶을 지배하는 지혜로운 사람입니다.

71 공사다망 公私多忙

사자성어
명언 필사 3

공적인 일과[公] 사적인 일이[私] 많아[多] 바쁘다[忙]

| 공적이거나 사적인 모든 일로 겨를이 없을 만큼 바쁘다 |

공사다망을 직역하면 '공적인 일과 사적인 일이 많아 바쁘다'는 뜻입니다.
공적인 일(업무)과 사적인 일(개인적 용무) 모두 바빠 몹시 분주하고 여유가 없는 상태를 말합니다.
즉, 일이 많아 정신없이 바쁠 때, 누군가 오랜만에 소식을 전하거나 만나자고 했을 때 "공사다망해서 연락이 늦었다"고 자연스럽게 표현할 수 있습니다.
또는, 바쁜 일상에 치여 소홀했던 일이나 사람에게 변명하거나 양해를 구할 때 사용할 수 있습니다.

• 관련된 성어

동분서주(東奔西走) : 이리저리 바쁘게 뛰어다님.

예문 요즘 **공사다망**하여 친구들을 만날 틈도 없다.

公	私	多	忙
공평될 공	사사 사	많을 다	바쁠 망

공사다망 公私多忙

바쁜 것이 아니라, 분주하게 방황하는 것이다.
인생을 헛되이 보내는 사람은 언제나 바쁘기만 하다.

- 세네카 (Seneca) -

진정한 바쁨은 목표를 향한 집중된 노력에서 비롯되지만,
방황하는 바쁨은 삶을 공허하게 만들 뿐입니다.

72 분기충천 憤氣衝天
사자성어 명언 필사 3

분노의[憤] 기운이[氣] 하늘을[天] 찌른다[衝]

| 분한 마음이 하늘을 찌를 듯이 격렬하게 솟구쳐 오름 |

분기충천을 직역하면 '분노의 기운이 하늘을 찌른다'라는 뜻입니다.
분기(憤氣)는 분노의 기운, 충천(衝天)은 하늘을 찌른다는 의미로, 분노와 울분이 극에 달해 참을 수 없을 정도로 치솟는 상태를 말합니다.
즉, 억울하거나 부당한 대우를 받아 분노가 극에 달했을 때나, 참을 수 없는 분노로 감정이 폭발할 것 같은 상황에서 사용합니다.

• 관련된 성어
분기탱천(憤氣撑天) : 분노가 하늘을 찌를 듯이 격렬하게 솟구쳐 오름.
노발대발(怒發大發) : 몹시 노하여 펄펄 뛰며 성을 냄.

예문 부당한 처사에 **분기충천**하여 끝내 항의했다.

憤	氣	衝	天
분할 분	기운 기	찌를 충	하늘 천

분기충천 憤氣衝天

억눌린 분노는 인간을 안에서 썩게 한다.
그러나 정의로운 분노는 사회를 바꾼다.

- 헨리 데이비드 소로 (Henry David Thoreau) -

세상을 바꾼 이들은 정의의 분노를 품고 싸웠으며,
우리는 그 분노를 올바른 방향으로 이끌 용기를 가져야 합니다.

73
사자성어
명언 필사 3

인과응보 因果應報

원인과[因] 결과에[果] 따라[應] 보답한다[報]

| 선을 행하면 선의 결과가, 악을 행하면 악의 결과가 뒤따름 |

인과응보를 직역하면 '원인과 결과에 다라 보답한다'는 뜻입니다.
자신의 행동에 대한 결과는 결국 자신에게 돌아온다는 의미로, 좋은 행동에는 좋은 결과가, 나쁜 행동에는 나쁜 결과가 뒤따른다는 뜻입니다.
즉, 어떤 사람이 부정직하게 일을 처리하여 잠시 이득을 봤지만, 결국 그 결과로 큰 손해를 보게 되었다면, 그 상황에서 '인과응보'라는 사자성어를 사용할 수 있습니다.

- 관련된 성어

  종두득두(種豆得豆) : 콩 심은 데 콩이 난다는 뜻.
  종과득과(種瓜得瓜) : 오이를 심으면 오이가 난다는 뜻.

예문 쓰레기를 무단 투기한 **인과응보**로 환경오염 피해를 입었다.

因	果	應	報
인할 인	열매 과	응할 응	갚을 보

인과응보 因果應報

당신이 뿌린 대로 거두는 법이다.
이 법칙은 우주에서 변하지 않는 진리이며,
무언가를 얻으려면 먼저 그것을 주어야 한다.

- 로버트 콜리어 (Robert Collier) -

우리는 먼저 주어야 원하는 것을 얻을 수 있으며,
이것이 인생의 변함없는 진리입니다.

74 환골탈태 換骨奪胎

사자성어
명언 필사 3

뼈를[骨] 바꾸고[換] 태를[胎] 빼다[奪]

| 낡은 제도나 관습 따위를 고쳐 새롭게 바뀐 상태를 비유한 말 |

환골탈태를 직역하면 '뼈를 바꾸고 태를 빼다'는 뜻입니다.
기존의 형체나 모습을 완전히 바꾸어 새로운 사람이나 사물로 변모하는 것. 즉, 본질적인 변화나 혁신을 의미합니다.
이 표현은 어떤 사람이 또는 사물이 외적으로도 내적으로도 완전히 변하거나 혁신을 이루었을 때 사용됩니다. 예를 들어, 개인이 성격이나 생활 방식에서 극적인 변화를 겪거나, 기업이나 사회가 본질적으로 개혁을 이루었을 때 이 표현을 사용할 수 있습니다.

• 관련된 성어

이사불비(易事不費) : 일을 바꾸지 않고도 큰 변화를 일으킨다.

예문 그 회사는 **환골탈태**하여 전혀 다른 사업모델로 성공을 거두었다.

換	骨	奪	報
바꿀 환	뼈 골	빼앗을 탈	아이 밸 태

환골탈태 換骨奪胎

진정한 변화는
새로운 것을 배우는 데서 오는 것이 아니라,
낡은 것을 버리는 데서 온다.

- 수잔 데이비드 (Susan David) -

진정한 변화는 채움이 아니라
비움에서 시작된다는 것을 우리는 종종 잊고 살아갑니다.

75 유야무야 有耶無耶
사자성어
명언 필사 3

있는 듯[有][耶] 없는 듯[無][耶]

| 있는 듯 없는 듯 분명하게 끝맺어지지 않고 흐지부지한 상태 |

유야무야를 직역하면 '있는 듯 없는 듯'이라는 뜻입니다.
분명하지 않고, 흐지부지되어 확실한 결론이나 결과 없이 끝나는 상태를 말합니다. 즉, 분명한 결론 없이 흐지부지 넘어가거나, 확실한 처리 없이 어물쩍 끝나는 상황일 때 표현합니다.
이 표현은 불확실성이나 회피적 태도를 강조할 때 효과적이므로, 일상 대화나 글에서 적절히 활용하면 자연스러운 뉘앙스를 전달할 수 있습니다.

• 관련된 성어
　유명무실(有名無實): 이름만 그럴듯하고 실속은 없음.
　용두사미(龍頭蛇尾): 처음은 왕성하나 끝이 흐지부지됨.

예문 처음엔 크게 문제 삼더니, 결국은 **유야무야** 넘어갔다.

有	耶	無	耶
있을 유	어조사 야	없을 무	어조사 야

유야무야 有耶無耶

선명함은 친절이다. 애매함은 가혹함이다.
사람을 배려한다면 명확하게 말하고 행동해야 한다.

- 브레네 브라운 (Brené Brown) -

선명하게 말하고 행동하는 것은
진심을 전하는 가장 아름다운 방법입니다.

76 백의종군 白衣從軍

사자성어
명언 필사 3

흰옷을[白][衣] 입고 군대를[軍] 따라간다[從]

| 벼슬이나 직위가 없이 군대를 따라 싸움터로 나감 |

백의종군을 직역하면 '흰 옷을 입고 군대를 따라간다'는 뜻입니다.
신분이 낮은 평민이 군대에 자원하여 참전하는 것을 의미하는 말로, 보통, 관직을 잃거나 관직 없이 자진해서 나라를 위해 힘쓰는 상황을 가리킵니다.
원래는 군사적 맥락으로 사용되었지만, 현대에서는 직책이나 이익을 따지지 않고 대의를 위해 자진해 헌신할 때 사용되는 표현입니다.
이 말은 도전정신이나 불굴의 의지를 강조할 때 적합하므로, 자기계발, 성공 스토리, 스타트업 등의 맥락에서 자주 활용할 수 있습니다.

예문 이번 프로젝트는 보직도 없지만 **백의종군**하는 마음으로 돕겠습니다.

白	衣	從	軍
흰 백	옷 의	따를 종	군사 군

◆◇◆
백의종군 白衣從軍

위대한 사람은
자신이 무엇을 얻을 수 있는지를 따지지 않고,
무엇을 해야 하는지를 먼저 고민한다.

- 공자 (孔子) -

위대한 삶이란, 얻을 것을 계산하기보다 해야 할 일이
무엇인지 스스로 묻고, 그것을 따르려는 용기에서 시작합니다.

77 청운지지 靑雲之志

사자성어
명언 필사 3

푸른[靑] 구름을[雲] 향하는[之] 뜻[志]

| 높은 지위에 오르고자 하는 욕망 |

청운지지를 직역하면 '푸른 구름을 향하는 뜻'이라는 뜻입니다.
청운(靑雲)은 푸른 구름, 지지(之志)는 ~향한 뜻이나 포부라는 의미로, 높고 큰 뜻이나 이상을 품은 마음을 말합니다.
쉽게 말해, 출세하거나 세상에 큰 뜻을 펼치려는 포부를 가리킵니다.
이 표현은 크고 높은 꿈이나 포부를 품고 이를 이루려 할 때 사용합니다.

• 관련된 성어

포덕취의(飽德醉義) : 덕을 쌓고 의리에 취해 살자는 의미.
화기치상(和氣致祥) : 화합의 기운이 모여 좋은 결과를 가져온다.

예문 어릴 때부터 **청운지지**를 품고 의사가 되기 위해 노력해왔다.

靑	雲	之	志
푸를 청	구름 운	갈 지	뜻 지

청운지지 靑雲之志

높은 목표를 세우는 것은 실패를 모르는 자의 특권이 아니다.
실패를 두려워하지 않는 자만이 하늘을 향해 손을 뻗을 수 있다.

- 레슬리 브라운 (Les Brown) -

목표를 높이 세운다는 것은 실패를 겪더라도
포기하지 않는 용기로 삶을 채우는 일입니다.

78 사자성어 명언 필사 3

삼인성호 三人成虎
세[三] 사람이[人] 호랑이도[虎] 만든다[成]

| 근거 없는 말도 여럿이 하면 곧이듣게 됨을 이르는 말 |

삼인성호를 직역하면 '세 사람이 호랑이도 만든다'는 뜻입니다.
근거 없는 소문도 여러 사람이 반복하면 사실처럼 받아들여진다는 의미로, 거짓말이라도 여러 사람이 말하면 참말처럼 믿게 되는 상황을 묘사할 때 사용합니다.
이 말은 여론이나 다수의 말이 진실을 왜곡할 수 있다는 경계의 의미로도 쓰입니다.

• 관련된 성어

구화지문(口禍之門) : 입에서 나오는 말이 화를 부른다는 뜻.
어불성설(語不成說) : 말이 말로 이루어지지 않는다는 뜻.

예문 그건 사실이 아닌데, **삼인성호**처럼 다들 믿고 있어.

三	人	成	虎
석 삼	사람 인	이룰 성	범 호

◆◇◆
삼인성호 三人成虎

소문은 바람처럼 빠르지만, 진실은 돌처럼 무겁다.
가벼운 것일수록 멀리 퍼지고, 무거운 것일수록 깊게 남는다.

- 익명 (Anonymous) -

소문은 진실이 닿기 전에 세상을 채우지만,
진실은 시간이 흐른 뒤에야 비로소 존재의 깊이를 증명합니다.

79 점입가경 漸入佳境
사자성어 명언 필사 3

점점[漸] 좋은[佳] 경지로[境] 들어가다[入]

| 갈수록 점점 더 좋거나 재미가 있음 |

점입가경을 직역하면 '점점 좋은 경지로 들어가다'는 뜻입니다.
중국 《진서(晉書)》의 고개지(顧愷之) 보면 대나무 줄기를 처음부터 맛보면 별로지만, 점점 위로 갈수록 달콤해진다고 비유한 이야기에서 유래하였습니다.
즉, 어떤 일이나 상황이 처음에는 평범해 보이지만, 점점 더 재미있거나 깊이 있는 단계로 발전함을 의미합니다.
이 표현은 처음엔 미약하거나 평범했지만 시간이 흐를수록 분위기나 내용이 점점 더 좋아지는 상황일 때 사용합니다. 주로 학문, 예술, 경험 등이 점점 깊어지는 과정을 강조할 때 적합합니다.

예문 이 소설은 시작은 느렸지만, **점입가경**으로 점점 흥미로워진다.

漸	入	佳	境
점점 점	사람 인	아름다울 가	지경 경

점입가경 漸入佳境

처음엔 거칠고 어색할지라도,
진정한 아름다움은 시간이 흐르며 서서히 모습을 드러낸다.
가장 빛나는 순간은 언제나 기다림 끝에 찾아온다.

- 알랭 드 보통 (Alain de Botton) -

거칠고 서툰 시작도 시간을 견디면 서서히 빛나며,
가장 아름다운 순간은 인내 끝에 비로소 찾아옵니다.

80 호시탐탐 虎視眈眈
사자성어
명언 필사 3

호랑이가[虎] 노려보듯이[眈] 응시한다[視]

| 남의 것을 빼앗기 위해 날카롭게 응시하며 기회를 엿보는 것 |

호시탐탐을 직역하면 '호랑이가 노려보듯이 응시한다'는 뜻입니다.
호랑이가 먹이를 노릴 때 날카롭게 응시하며 기회를 기다리는 모습을 비유한 것으로, 긴장감을 유지하면서 때를 기다리거나 상대를 주시하는 태도나 상황을 묘사할 때 표현합니다.
이 표현은 일반적으로 부정적인 맥락에서 사용되며, 경쟁, 갈등, 권력 다툼 등 은밀한 위협이나 교활한 기다림을 묘사할 때 효과적입니다.

• 관련된 성어
권토중래(捲土重來) : 다시 세력을 회복하여 공격해옴.

예문 경쟁사가 **호시탐탐** 우리의 시장 점유율을 노리고 있다.

虎	視	眈	眈
범 호	볼 시	노려볼 탐	노려볼 탐

호시탐탐 虎視眈眈

기다림이란 아무것도 하지 않는 것이 아니라,
올바른 순간을 위해 칼날을 숨기고 있는 것이다.

- 손자병법 (孫子兵法) -

기다림이란 쉼이 아니라 움직이지 않는 동안에도,
가장 치열하게 스스로를 완성해 가는 시간입니다.

81 포호빙하 暴虎馮河

사자성어
명언 필사 3

맨손으로[暴] 호랑이를[虎] 잡고, 강을[河] 걸어서 건너다

| 용기는 있으나 지혜가 없음을 이르는 말 |

《논어(論語)》〈술이(述而)〉편에 공자가 제자 자로(子路)를 평하며 "포호빙하하고 죽어도 후회하지 않겠다고 하는 자는 나와 함께하지 않으리라"고 말한 데서 유래되었습니다.
이는 용기는 있으나 지혜가 없음을 의미하는 말입니다.
이 표현은 비난이나 경고의 의미로 주로 쓰이며, 무계획성과 무리한 행동을 지적할 때 사용됩니다.

• 관련된 성어

무모지용(無謀之勇) : 생각 없이 내보이는 용기
등하불명(燈下不明) : 등불 아래서도 가까운 것이 보이지 않는다.

예문 포호빙하식의 행동으로 문제를 해결하려 들지 마라.

暴	虎	馮	河
사나울 포	범 호	오를 빙	강 하

포호빙하 暴虎馮河

세상에서 가장 위험한 일은,
위험을 모르는 채 뛰어드는 것이다.
진짜 용기는 한 걸음 물러서서, 깊이를 재는 데서 시작된다.

- 존 러스킨 (John Ruskin) -

진정한 용기는 맹목적으로 달려드는 데 있지 않고,
깊이를 재고 방향을 정하는 신중함에서 시작됩니다.

82 사자성어 명언 필사 3

계명구도 鷄鳴狗盜

닭[鷄]처럼 울고[鳴] 개처럼[狗] 훔친다[盜]

| 천한 재주로 남을 속이는 사람을 이르는 말 |

계명구도를 직역하면 '닭처럼 울고 개처럼 훔친다'는 뜻입니다.
『사기(史記)』〈맹상군전(孟嘗君傳)〉에 보면 맹상군이 곤경에 처했을 때, 닭 울음소리를 흉내 내는 사람과 담을 넘는 재주꾼 덕분에 위기를 벗어났다는 이야기에서 유래하였습니다.
이 말은 보잘것없는 기술이나 수단도 때로는 큰 도움이 될 수 있다는 의미로 쓰이기도 하고, 또는 비열하고 잔꾀를 부려서 문제를 해결하려는 부정적인 의미로도 쓰입니다.

예문 그는 대단한 재능은 없었지만, **계명구도** 같은 잔재주로 위기를 여러 번 넘겼다.

鷄	鳴	狗	盜
닭 계	울 명	개 구	도둑 도

계명구도 鷄鳴狗盜

위대함은 크고 거창한 데 있지 않다.
때로는 한 줌의 재치와 한 조각의 기지가 가장 빛난다.

- 마르쿠스 아우렐리우스 (Marcus Aurelius) -

위대함이란 크기로 드러나는 것이 아니라,
순간의 작은 지혜 속에 진리가 깃드는 것입니다.

83
사자성어
명언 필사 3

이전투구 泥田鬪狗

진흙[泥] 밭에서[田] 싸우는[鬪] 개[狗]

| 자기의 이익을 위하여 비열하게 다툼을 비유한 말 |

이전투구를 직역하면 '진흙 밭에서 싸우는 개'라는 뜻입니다.
이익이나 작은 명분을 두고 비열하고 지저분하게 다투는 모습을 비유하는 말입니다.
즉, 가치 없는 일이나 하찮은 이익을 위해 서로 험하게 다투는 상황을 비판하거나 경멸할 때 사용합니다.
이 표현은 의미 없는 다툼, 비열한 경쟁을 강하게 풍자할 때 적합합니다.

• 관련된 성어와 어휘

견원지간(犬猿之間) : 개와 원숭이 사이 (악감정이 있는 관계)
알력다툼 : 사소한 일로 다투는 모습

예문 정치권의 **이전투구** 같은 논쟁은 국민만 피곤하게 할 뿐이다.

泥	田	鬪	狗
진흙 니(이)	밭 전	싸움 투	개 구

◆◇◆

이전투구 泥田鬪狗

하찮은 이익을 위해 다투는 것은,
스스로를 그 이익보다 더 하찮게 만드는 일이다.

- 플루타르코스 (Plutarch) -

하찮은 것을 얻기 위해 다투는 순간,
스스로의 가치를 그보다 더 하찮게 깎아내리는 일입니다.

84 견마지로 犬馬之勞
사자성어 명언 필사 3

개와[犬] 말처럼[馬][之] 수고함[勞]

| 윗사람에게 바치는 자기의 노력을 겸손하게 이르는 말 |

견마지로를 직역하면 '개와 말처럼 수고함'이라는 뜻입니다.
자신을 낮추어 윗사람이나 공동체를 위해 힘을 다해 일하는 것을 의미합니다.
즉, 윗사람이나 조직을 위해 온 힘을 다해 충성하거나 봉사할 때 겸손하게 스스로를 낮춰 표현할 때 사용합니다.
이 표현은 특히 조직 생활이나 상하 관계에서의 성실한 태도를 표현할 때 적합합니다.

• 관련된 성어

분골쇄신(粉骨碎身) : 뼈가 가루가 되고 몸이 부서질 정도로 노력함.
견마지역(犬馬之役) : 사소한 일로 다투는 모습

예문 회사를 위해서 어떤 일이든 **견마지로**를 다하겠습니다.

犬	馬	之	勞
개 견	말 마	갈 지	일할 로

견마지로 犬馬之勞

성공한 사람은 자신이 얼마나 높이 올라갔는지를 자랑하지 않고,
자신이 얼마나 많은 사람을 위해 낮아졌는지를 기억한다.

- 존 맥스웰 (John C. Maxwell) -

성공은 얼마나 높이 올라갔는지가 아니라
다른 사람을 위해 얼마나 겸손하게 헌신했는지에 달려 있습니다.

85 사자성어 명언 필사 3

각주구검 刻舟求劍

배에[舟] 새기고[刻] 칼을[劍] 찾는다[求]

| 세상의 변천도 모르고 낡은 것만 고집하는 어리석음 |

각주구검을 직역하면 '배에 새기고 칼을 찾는다'는 뜻입니다.
배의 밖으로 칼을 떨어뜨린 사람이 나중에 그 칼을 찾기 위해 배가 움직이는 것도 생각하지 아니하고 칼을 떨어뜨린 뱃전에다 표시를 하였다는 것에서 유래한 말입니다.
즉, 변화하는 상황을 고려하지 않고, 과거의 방법이나 생각에만 집착하는 어리석음을 비유하는 표현입니다.
이 표현은 상황 변화에 맞춰 유연하게 대처하지 못하고 한 가지 방법만 고수하거나, 현실을 무시하고 시대에 뒤떨어진 고집을 부리는 상황을 묘사할 때 사용합니다.

예문 시대가 변했는데 **각주구검**으로 일하는 건 한계가 있다.

刻	舟	求	劍
새길 각	배 주	구할 구	칼 검

각주구검 刻舟求劍

어제 배운 기술이
내일의 문제를 해결해주리라 기대하는 것은,
닫힌 문을 계속 두드리는 것과 같다.

- 마샬 맥루언 (Marshall McLuhan) -

변하지 않는 방법에 기대는 것은,
변하는 세상을 두드리기만 할 뿐 열지 못하는 일입니다.

86 주마가편 走馬加鞭

사자성어 명언 필사 3

달리는[走] 말에[馬] 채찍질을[鞭] 더하다[加]

| 열심히 하는 사람을 더욱 잘하도록 격려함을 이르는 말 |

주마가편을 직역하면 '달리는 말에 채찍질을 더하다'는 뜻입니다.
이미 잘하고 있는 사람을 더욱 독려하거나, 이미 빠르게 진행되고 있는 일을 더 힘을 실어 추진하는 것을 의미합니다.
즉, 이미 잘하고 있는 사람이나 일이 있을 때, 여기에 만족하지 않고 더욱 힘내어 노력하라고 격려하는 상황일 때 표현합니다.
이 표현은 동기부여나 긍정적인 추진력을 강조할 때 적절합니다.

• 관련된 성어

일취월장(日就月將): 날마다 나아가고 달마다 발전한다는 뜻.

예문 팀이 이미 잘하고 있지만, **주마가편**으로 마감 전에 더 속도를 내자.

走	馬	加	鞭
달릴 주	말 마	더할 가	채찍 편

주마가편 走馬加鞭

포기하고 싶은 순간이 올 때마다, 왜 시작했는지를 기억해라.
가장 힘든 순간을 넘겨야 최고의 순간을 만날 수 있다.

- 세리나 윌리엄스 (Serena Williams) -

주저앉고 싶은 순간에도, 다시 시작하려는 믿음이
나를 일으켜 세워, 결국 최고의 순간으로 이끌어 줄 것입니다.

87 궁서설묘 窮鼠嚙猫
사자성어 명언 필사 3

궁지에[窮] 몰린 쥐가[鼠] 고양이를[猫] 문다[嚙]

| 위급한 상황에 몰리면 약자라도 강자에게 필사적으로 반항함 |

궁서설묘를 직역하면 '궁지에 몰린 쥐가 고양이를 문다'는 뜻입니다. 약한 존재라도 절박한 상황에서는 강한 존재에게 반격할 수 있다는 의미입니다. 평소에는 힘이 약하던 이가 극한 상황에 몰렸을 때, 예상치 못한 저항이나 반격을 하는 경우에 비유하여 표현합니다. 또한, 상대를 지나치게 몰아붙일 경우 오히려 뜻밖의 반발을 초래할 수 있음을 경계할 때 사용합니다.

• 관련된 성어

곤수유투(困獸猶鬪) : 위급할 때에는 약한 짐승도 강한 적과 싸우려고 덤빔.

예문 그를 너무 몰아붙이지 마십시오. **궁서설묘**가 될 수도 있습니다.

窮	鼠	嚙	猫
궁할 궁	쥐 서	물 설	고양이 묘

◆◇◆
궁서설묘 窮鼠囓猫

당신이 벽에 부딪혔다면,
그것은 멈추라는 신호가 아니라
넘어서는 법을 배우라는 기회다.

- 스티브 잡스 (Steve Jobs) -

벽에 부딪힌 순간은 끝이 아니라,
나를 더 단단히 키워줄 도약의 시작임을 알아야 합니다.

88
사자성어
명언 필사 3

고성낙일 孤城落日

외로운[孤] 성과[城] 지는[落] 해[日]

| 남의 도움이 없이 고립되어 매우 외로운 상태 |

고성낙일을 직역하면 '외로운 성과 지는 해'라는 뜻입니다.
외로운 처지에 처해 힘이 다하고 희망이 사라져 가는 모습이나, 쇠락해 가는 세력이나 쓸쓸히 몰락해 가는 상황을 비유하는 말입니다.
즉, 눈앞에 펼쳐진 쓸쓸함, 몰락, 그리고 마지막까지 버티는 처연한 모습을 표현할 때 쓰입니다.
이 표현은 비극적이거나 감정적으로 깊은 상황을 강조할 때 적합합니다.

- **관련된 성어**
  풍전등화 (風前燈火) : 바람 앞의 등불처럼 매우 위태로운 상황.

예문 그의 외로운 뒷모습은 마치 **고성낙일**을 보는 듯 쓸쓸했다.

孤	城	落	日
외로울 고	성 성	떨어질 낙(락)	날 일

고성낙일 孤城落日

마지막 잎새가 지듯, 힘과 명예도 결국은 스러진다.
중요한 건, 지는 순간까지 품위를 잃지 않는 것이다.

- 존 러스킨 (John Ruskin) -

힘과 명예가 스러지는 순간에도,
끝까지 품위를 지키는 삶이 진정한 아름다운 모습입니다.

89 사자성어 명언 필사 3

후안무치 厚顔無恥

얼굴이[顔] 두껍고[厚] 부끄러움이[恥] 없다[無]

| 낯가죽이 두꺼워 뻔뻔하고 부끄러움을 모름 |

후안무치를 직역하면 '얼굴이 두껍고 부끄러움이 없다'라는 뜻입니다.
염치없이 뻔뻔스러워 부끄러움을 모른다는 의미로, 수치를 알지 못하고 뻔뻔하게 행동하는 모습을 말합니다.
즉, 부당하거나 부끄러운 일을 하고도 당당하게 구는 사람을 비유할 때나, 사회적 도덕이나 양심을 전혀 고려하지 않는 뻔뻔함을 비판할 때 사용합니다.
이 표현은 극도의 무례함이나 부도덕함을 강하게 비판할 때 쓰입니다.

• **관련된 어휘**
철면피(鐵面皮) : 얼굴이 철갑 같은 뻔뻔함.
파렴치(破廉恥) : 염치를 모르고 뻔뻔스러움.

예문 그 정치인은 **후안무치**하게도 뇌물을 받고도 당당했다.

厚	顔	無	恥
두터울 후	얼굴 안	없을 무	부끄러울 치

후안무치 厚顔無恥

사람이 얼굴은 붉힐 줄 알아야 하고,
마음은 부끄러움을 알아야 한다.
이를 모르면 수치 속에 살게 된다.

- 맹자 (孟子) -

부끄러움을 아는 마음이야말로 사람을 사람답게 하고,
그것을 잃는 순간 우리는 스스로의 존엄도 잃게 됩니다.

90 백면서생 白面書生

사자성어
명언 필사 3

흰[白] 얼굴의[面] 글 읽는[書] 사람[生]

| 글만 읽고 세상에 대한 실제 경험은 없는 사람 |

백면서생을 직역하면 '흰 얼굴의 글 읽는 사람'이라는 뜻입니다.
얼굴에 햇볕에 그을린 흔적도 없이 하얀 채로 책만 읽어온 사람, 즉 세상살이에 대한 경험이나 실질적인 지혜가 부족한 사람을 비유한 말입니다.
이 말은 세상 경험이 부족하고 현실 감각이 없는 사람을 가리킬 때 사용합니다.
이 표현은 지식과 행동의 불균형을 강조할 때 적합합니다.

• 관련된 성어
두문불출(杜門不出) : 집에 틀어박혀 바깥세상과 단절된 채 지냄.
문약서생(文弱書生) : 문학에만 치중하고 세상 경험이 부족한 사람.

예문 아무리 **백면서생**이라지만 세상 돌아가는 것도 좀 알아야지.

白	面	書	生
흰 백	낯 면	글 서	날 생

백면서생 白面書生

진짜 지식은 책장을 넘기는 데서 오지 않는다.
길을 걷고, 손에 흙을 묻히며 세상을 배우는 데서 온다.

- 윌리엄 제임스 (William James) -

책 속 지식에 머무르지 않고, 몸으로 부딪히고
길을 걸어야 비로소 세상은 진짜로 내 것이 됩니다.

91 사자성어 명언 필사 3

천신만고 千辛萬苦

천 가지[千] 고생과[辛] 만 가지[萬] 괴로움[苦]

| 온갖 고생을 하고 애를 씀 |

천신만고를 직역하면 '천 가지 고생과 만 가지 괴로움'이라는 뜻입니다.
온갖 종류의 어려움과 고통을 겪는다는 의미로, 어떤 목표를 이루기 위해 수많은 고난과 역경을 참고 견디는 상황을 나타냅니다.
즉, 오랜 시간 동안 많은 고생과 시련을 겪고 마침내 목표를 이루었을 때 표현합니다.
이 표현은 극복의 가치를 강조할 때 효과적입니다.

• 관련된 성어

고진감래(苦盡甘來) : 쓴 것이 다하면 단 것이 온다.
파란만장(波瀾萬丈) : 큰 물결이 만 장이나 일어남.

예문 그는 **천신만고** 끝에 꿈에 그리던 회사를 세웠습니다.

千	辛	萬	苦
일천 천	매울 신	일만 만	쓸 고

천신만고 千辛萬苦

살아간다는 것은 끊임없이 상처를 입는 일이다.
그러나 상처를 통해서만 우리는 진짜 강해진다.

- 오스카 와일드 (Oscar Wilde) -

상처를 두려워하지 말아야 합니다.
그것은 우리를 강하게 만들어 주는 삶의 흔적이기 때문입니다.

92
사자성어
명언 필사 3

자강불식 自强不息
자신을[自] 강하게[强] 하기위해 쉬지[息] 않음[不]

| 스스로 힘써 몸과 마음을 가다듬고 쉬지 않음 |

자강불식을 직역하면 '자신을 강하게 하기위해 쉬지 않음'이라는 뜻입니다. 자신을 끊임없이 단련하고 노력하여 멈추지 않는다는 의미로, 스스로 강해지기 위해 꾸준히 힘쓰고, 게으름 없이 계속 정진해야 한다는 자세를 말합니다.
즉, 스스로를 단련하며 끊임없이 노력하고 성장하려는 자세를 강조할 때 표현합니다.
이 표현은 도전 정신과 성장 마인드를 강조하는 데 이상적입니다.

• 관련된 성어
일신우일신(日新又日新) : 매일 새롭고 매일 나아진다는 뜻.
불식불휴(不息不休) : 쉬지 않고 계속한다는 의미.

예문 그는 **자강불식**의 정신으로 매일 스스로를 단련했다.

自	强	不	息
스스로 자	굳셀 강	아니 불	숨쉴 식

자강불식 自強不息

패배했다고 느끼는 그 순간에도,
한 발짝 더 내디딜 수 있다면,
당신은 아직 지지 않았다.

- 콜슨 화이트헤드 (Colson Whitehead) -

넘어질 것 같은 순간에도 한 걸음 내디뎌 보세요.
그 용기가 당신을 다시 일으켜 세울 것입니다.

93 결초보은 結草報恩

사자성어
명언 필사 3

풀을[草] 묶어[結] 은혜를[恩] 갚는다[報]

| 죽은 뒤에라도 은혜를 잊지 않고 갚음을 이르는 말 |

결초보은을 직역하면 '풀을 묶어 은혜를 갚는다'는 뜻입니다.
죽어서라도 받은 은혜를 잊지 않고 반드시 갚는다는 의미로, 생명을 다해 은혜를 잊지 않고 보답하려는 깊은 감사의 마음을 뜻하는 말입니다.
즉, 누군가에게 큰 도움이나 은혜를 받아 평생 감사하며, 어떻게든 그 은혜를 갚으려 할 때 사용합니다. 특히 받은 은혜를 결코 잊지 않고 진심으로 보답하고자 할 때 적절합니다.

• 관련된 성어
  각골난망(刻骨難忘) : 뼈에 새겨 잊기 어렵다는 뜻.
  백골난망(白骨難忘) : 죽어 백골이 되어도 은혜를 잊지 않음.

예문 선생님의 은혜를 잊지 않고, 반드시 **결초보은**하겠습니다.

結	草	報	恩
맺을 결	풀 초	갚을 보	은혜 은

결초보은 結草報恩

감사의 마음을 가진 사람은 끝내 인생을 아름답게 엮는다.
받은 것을 외면하지 않는 것, 그것이 인간을 인간답게 만든다.

- 하루키 무라카미 (Haruki Murakami) -

감사의 마음을 품고, 받은 은혜를 잊지 않는 삶이야말로,
인간을 가장 인간답고 빛나게 하는 모습입니다.

94 시종일관 始終一貫

사자성어
명언 필사 3

처음부터[始] 끝까지[終] 하나로[一] 꿰뚫다[貫]

| 처음부터 끝까지 한결같이 |

시종일관을 직역하면 '처음부터 끝까지 하나로 꿰뚫다'는 뜻입니다.
처음 마음먹은 바를 끝까지 변함없이 이어나가는 것을 의미하며, 생각이나 행동이 처음과 끝이 일관되고 꾸준한 태도를 말합니다.
즉, 흔들림 없이 한결같은 자세로 목표를 향해 나아가는 사람이나, 신념을 끝까지 지키는 상황을 표현할 때 사용합니다.

• 관련된 성어
  초지일관(初志一貫) : 처음 세운 뜻을 끝까지 관철한다.
  지조지수(志操持守) : 뜻과 절개를 굳게 지켜 변하지 않는다.

예문 **시종일관** 같은 자세로 노력했기에 목표를 이룰 수 있었다.

始	終	一	貫
처음 시	마칠 종	한 일	꿸 관

시종일관 始終一貫

믿음은 매 순간 무너질 수 있다.
그러나 무너질 때마다 다시 세우는 사람이 결국 남는다.

- 파울로 코엘료 (Paulo Coelho) -

처음 품은 뜻을 끝까지 지키는 것,
그 꾸준함이 결국 삶의 깊이를 만들어갑니다.

95 건곤일척 乾坤一擲

사자성어
명언 필사 3

하늘과[乾] 땅을[坤] 걸고 단판[一] 승부[擲]

| 명을 걸고 온 힘을 기울여 겨루는 마지막 한판 승부 |

건곤일척을 직역하면 '하늘과 땅을 걸고 단판 승부'라는 뜻입니다.
건곤(乾坤)은 하늘과 땅, 일척(一擲)은 한 번의 승부를 의미하여, 모든 것을 걸고 단 한 번의 승부수를 띄운다는 뜻입니다.
즉, 성패를 가늠할 수 없는 큰 모험이나 마지막 결단의 순간을 표현할 때 사용합니다.
이 표현은 운명을 건 최후의 승부를 의미하는 극적인 표현입니다.

• 관련된 성어

일척건곤(一擲乾坤) : 온 힘을 다하여 마지막 승부를 겨룸.
배수지진(背水之陣) : 물러설 곳 없이 목숨을 걸고 싸움.

예문 그는 **건곤일척**의 각오로 마지막 경기에 임했다.

乾	坤	一	擲
하늘 건	땅 곤	한 일	던질 척

건곤일척 乾坤一擲

우리는 한 번에 모든 것을 걸어야 한다.
삶이 우리를 어떻게 다루든,
우리는 전부를 사랑하고 전부를 믿어야 한다.

- 리처드 브라우티건 (Richard Brautigan) -

존재는 단 한 번의 결단 속에서 스스로를 증명하고,
삶은 그 절박한 선택 위에 비로소 온전한 의미를 얻는 것입니다.

96 사자성어 명언 필사 3

동서고금 東西古今

동양과[東] 서양[西], 옛날과[古] 지금[今]

| 사람이 살아온 모든 시대와 모든 장소를 아울러 이르는 말 |

동서고금을 직역하면 '동서양과 옛날과 지금'이라는 뜻입니다.
넓은 의미에서의 모든 시대와 지역을 아우르며, 시간과 공간을 모두 포괄하는 말입니다.
그래서 시대와 지역을 초월한 공통된 현상을 말할 때나, 보편적인 진리, 언제 어디서나 통하는 사실을 강조할 때 쓰입니다.
이 표현은 보편적 진리나 지혜를 강조할 때 자주 쓰이므로, 글쓰기나 발언에서 폭넓은 관점을 보여주고 싶을 때 활용하면 좋습니다.

• 관련된 성어

고금동서(古今東西) : 사람이 살아온 모든 시대와 장소.

예문 권력은 **동서고금**을 막론하고 부패하기 쉽다.

東	西	古	今
동녘 동	서쪽 서	옛 고	이제 금

동서고금 東西古今

시간과 공간이 아무리 바뀌어도,
인간의 기본적인 감정과 갈망은 변하지 않는다.
우리는 모두 다르게 태어났지만, 같은 본질을 나누고 있다.

- 칼 융 (Carl Gustav Jung) -

시간과 공간을 달리해도 인간의 마음 깊은 곳에는
변치 않는 동일한 본질이 흐르고 있다는 사실입니다.

97 이해득실 利害得失

사자성어
명언 필사 3

이익과[利] 해로움[害], 얻음[得]과 잃음[失]

| 이로움과 해로움 및 얻음과 잃음 |

이해득실을 직역하면 '이익과 해로움, 얻음과 잃음'이라는 뜻입니다.
어떤 일이나 상황에서 생기는 이익과 손해, 득과 실을 통틀어 이르는 말로, 이익이 무엇이고 손해가 무엇인가를 따지는 것을 의미합니다.
즉, 얻고 잃는 것을 저울질하거나, 이익과 손해를 신중하게 고려하는 태도를 표현할 때 쓰입니다. 또한 결정을 내리기 전에 장단점을 평가할 때 자주 쓰입니다.

• 관련된 성어

득실상반(得失相半) : 얻음과 잃음이 서로 반반이라는 뜻.
손익계산(損益計算) : 손해와 이익을 따져 계산함.

예문 이 사업은 **이해득실**을 따져봤을 때, 위험이 너무 크다.

利	害	得	失
이로울 리(이)	해칠 해	얻을 득	잃을 실

이해득실 利害得失

성공적인 사람과 그렇지 않은 사람의 차이는
작은 이해득실을 계산하는 능력에 달려 있다.
이득이 적더라도 원칙을 지키고,
손해가 있어도 올바른 길을 택하는 데 있다.

- 워렌 버핏 (Warren Buffett) -

진정한 성공은 일시적인 이익과 손해를 넘어,
원칙을 고수하며 올바른 길을 선택하는 데 있습니다.

98 주객전도 主客顚倒

사자성어 명언 필사 3

주인과[主] 손님이[客] 뒤바뀌다[顚][倒]

| 사물의 경중, 선후, 완급 따위가 서로 뒤바뀜을 이르는 말 |

주객전도를 직역하면 '이익과 해로움, 얻음과 잃음'이라는 뜻입니다.
주체와 객체가 역할을 바꾸거나, 우선순위가 반대로 되는 상황을 비유적으로 표현하는 말입니다.
즉, 본래의 위치나 역할이 뒤바뀐 상태를 표현하는 사자성어로, 순서나 우선순위가 왜곡될 때 사용됩니다.
이 표현은 사람들이 핵심을 잊고 사소한 것에 집중할 때 경고하는 말로 자주 쓰입니다.

• 관련된 성어

객반위주(客反爲主) : 손이 도리어 주인이 됨.
본말전도(本末顚倒) : 근본과 지엽적인 것이 뒤바뀜.

예문 주객전도가 되어, 중요한 일보다 사소한 일에만 신경 쓰고 있다.

主	客	顚	倒
주인 주	손 객	넘어질 전	넘어질 도

주객전도 主客顚倒

우리는 수단을 목적으로 삼고,
목적을 망각하는 어리석음을 종종 저지른다.
도구는 인간을 위해 있어야지,
인간이 도구를 위해 존재해서는 안 된다.

- 알베르트 아인슈타인 (Albert Einstein) -

삶은 수단을 위해 존재하는 것이 아니며,
우리는 언제나 도구를 넘어 삶의 목적을 잊지 않아야 합니다.

99 중과부적 衆寡不敵

사자성어
명언 필사 3

많은 수와[衆] 적은 수는[寡] 맞설 수[敵] 없다[不]

| 적은 수효로 많은 수효에 맞서지 못함 |

중과부적을 직역하면 '많은 수와 적은 수는 맞설 수 없다'는 뜻입니다.
중과(衆寡)는 많은 수와 적은 수, 부적(不敵)은 맞설 수 없다는 의미로, 수적(數的) 열세로 인해 대항하거나 이길 수 없다는 뜻입니다.
즉, 단순히 숫자의 문제를 넘어, 힘의 차이나 세력의 격차를 지적할 때 사용합니다.
이 표현은 전쟁, 경쟁, 논쟁 등에서 수적 열세를 강조할 때 자주 쓰입니다.

• 관련된 성어

과부적중(寡不敵衆) : 적은 수효로 많은 수효에 맞서지 못함.
적수공권(赤手空拳) : 가진 것이 없어 힘이 약함.

예문 그는 **중과부적**임에도 끝까지 포기하지 않았다.

衆	寡	不	敵
무리 중	적을 과	아닐 부	대적할 적

중과부적 衆寡不敵

작게라도 실천된 행동은 계획된 위대한 행동보다 낫다.
그러나 압도적인 힘 앞에서는 가장 용감한 행동조차
연합되고 조직되지 않으면 흔들릴 수 있다.

- 피터 마셜 (Peter Marshall) -

작은 실천이 위대하더라도, 압도적 힘 앞에서는
연합과 조직 없이는 그 용기마저 흔들리기 마련입니다.

100 사자성어 명언 필사 3

고장난명 孤掌難鳴

외로운[孤] 손바닥은[掌] 소리[鳴] 내기 어렵다[難]

| 혼자서는 일을 이루기가 어려운 것을 비유적으로 이르는 말 |

고장난명을 직역하면 '외로운 손바닥은 소리 내기 어렵다'는 뜻입니다.
손바닥 하나로는 박수를 칠 수 없듯이, 어떤 일을 성공시키려면 협력이나 동료의 도움이 필요하다는 뜻입니다.
즉, 혼자만의 노력으로는 일이 이루어지기 어렵거나 관계가 성립되지 않을 때 표현합니다.
이 표현은 주로 비유적으로 사용되며, 개인보다는 팀워크나 협동의 가치를 강조할 때 적합합니다.

• 관련된 속담

백지장도 맞들면 낫다 : 아무리 쉬운 일이라도 함께하면 훨씬 쉽다.
손뼉도 마주쳐야 소리가 난다 : 상대방과 뜻이 맞아야 일이 성사된다는 뜻.

예문 협력 없이 혼자 해결하려고 해봤자 **고장난명**일 뿐이다.

孤	掌	難	鳴
외로울 고	손바닥 장	어려울 난	울 명

고장난명 孤掌難鳴

팀워크란 공통된 비전을 향해 함께 일하는 능력이다.
그것이 평범한 사람들이 비범한 결과를 이루게 하는 연료다.

- 앤드루 카네기(Andrew Carnegie) -

팀워크란 서로의 힘을 하나로 모아,
평범한 사람들이 함께 비범함에 다다르는 과정입니다.

101 갑론을박 甲論乙駁
사자성어
명언 필사 3

갑이[甲] 주장하고[論] 을이[乙] 반박하다[駁]

| 서로 자기의 주장을 내세우고 상대방의 주장을 반박함 |

갑론을박을 직역하면 '갑이 주장하고 을이 반박하다'는 뜻입니다.
서로 다른 입장에서 치열하게 논쟁하는 모습을 비유한 말로, 단순한 토론보다는 공방전처럼 격렬한 논쟁을 강조할 때 사용됩니다.
예를 들면, 정치 토론, 회사 전략 회의, 학술 세미나 등에서 서로 다른 주장을 펼치며 격렬히 논의할 때 '갑론을박이 벌어졌다'라고 표현할 수 있습니다.

• 관련된 어휘
쟁론(爭論): 다투어 토론함.
설전(舌戰): 말다툼(감정적 색채 강함).
논쟁(論爭): 이성적 논리 다툼(갑론을박보다 중립적).

예문 두 후보의 토론은 **갑론을박** 끝에 결론 없이 마무리되었다.

甲	論	乙	駁
갑옷 갑	의논할 논	새 을	논박할 박

갑론을박 甲論乙駁

젊은이를 타락시키는 가장 확실한 방법은,
생각이 다른 사람들보다
생각이 같은 사람들을 더 존중하게 가르치는 것이다.

- 프리드리히 니체 (Friedrich Nietzsche) -

진정한 성장은 다른 생각을 존중할 때 이루어지며,
일치된 생각만을 추구하는 것은 정신을 쉽게 타락하게 할 뿐입니다.

102 사자성어 명언 필사 3

횡설수설 橫說竪說

가로로[橫] 말하고[說] 세로로[竪] 말한다[說]

| 조리가 없이 이것저것 되는대로 지껄임 |

횡설수설을 직역하면 '가로로 말하고 세로로 말한다'는 뜻입니다.
횡설(橫說)은 가로로 말하고 수설(竪說)은 세로로 말한다는 의미로, 말이 정확하지 않고 두서없이 엉망인 상태를 뜻하는 말입니다.
즉, 일관성 없이 말이 앞뒤가 맞지 않거나, 무작정 떠드는 상황을 묘사할 때 표현합니다.
이 표현은 대체로 부정적 뉘앙스로 사용되며, 말이 앞뒤가 맞지 않거나 허황됨을 강조할 때 씁니다.

• 관련된 어휘
망발(妄發) : 허튼소리.
궤변(詭辯) : 억지 변론.

예문 술에 취한 그는 알아듣기 힘든 말로 **횡설수설**했다.

橫	說	竪	說
가로 횡	말씀 설	세울 수	말씀 설

횡설수설 橫說竪說

명확하고 뚜렷한 언어는,
명확하고 뚜렷한 사고의 거울이다.

- 프랜시스 베이컨 (Francis Bacon) -

명확한 언어는 흔들림 없는 사고에서 나오며,
그런 언어만이 자신의 생각을 단단하게 만들어줍니다.

103 안하무인 眼下無人
사자성어
명언 필사 3

눈[眼] 아래에[下] 사람이[人] 없다[無]

| 방자하고 교만하여 다른 사람을 업신여김을 이르는 말 |

안하무인을 직역하면 '눈 아래에 사람이 없다'는 뜻입니다.
다른 사람을 전혀 사람으로 여기지 않는다는 뜻으로, 매우 거만하고 남을 무시하는 태도를 말합니다.
'안하무인'은 자기 자신만 잘났다고 생각하고, 타인의 말이나 존재를 무시하거나 깔보는 사람에게 자주 씁니다.

• 관련된 성어
교만방자(驕慢放恣) : 거만하고 제멋대로 행동함.
오만불손(午慢不遜) : 거만하고 예의가 없음.
횡행무도(橫行無道) : 거리낌 없이 제멋대로 행동하고 도리를 따르지 않음.

예문 고객 앞에서 직원에게 소리를 지르다니, 정말 **안하무인**한 행동이었어.

眼	下	無	人
눈 안	아래 하	없을 무	사람 인

214

안하무인 眼下無人

무례한 사람은 자신이 똑똑하다고 착각하지만,
사실은 자신의 무지를 떠들어대는 것일 뿐이다.

- 존 러스킨 (John Ruskin) -

무례한 사람은 자신이 똑똑하다고 착각하지만,
사실은 예의 없는 말과 행동으로 자기의 부족함을 드러내는 것입니다.

104 동가홍상 同價紅裳

사자성어
명언 필사 3

같은[同] 값이면[價] 붉은[紅] 치마[裳]

| 똑같은 노력을 들인다면 더 좋은 것을 가짐을 비유한 말 |

동가홍상을 직역하면 '같은 값이면 붉은 치마'라는 뜻입니다.
같은 조건이라면 보기 좋고 마음에 드는 것을 고른다는 의미로, 비슷한 값이나 노력이라면 더 아름답거나 만족스러운 것을 선택하려는 인간의 본성을 뜻하는 말입니다.
즉, 비슷한 조건이나 값이라면, 더 나은 것, 더 예쁜 것, 더 가치 있는 것을 선택할 때 표현하는 말입니다.
이 표현은 '같은 값이면 다홍치마'라는 속담과 같은 의미로 사용되며, 붉은 치마'는 옛날에 특별히 예쁘고 귀한 것으로 여겨졌다고 합니다.

• 관련된 성어

동가배상(同價倍償) : 같은 값이면 배로 갚는다.

예문 **동가홍상**이라더니, 같은 가격인데 디자인이 더 예쁜 걸로 사야지.

同	價	紅	裳
같을 동	값 가	붉을 홍	치마 상

동가홍상 同價紅裳

가격은 당신이 지불하는 것이고,
가치는 당신이 얻는 것이다.

- 워렌 버핏 (Warren Buffett) -

값은 눈에 보이지만, 진짜 중요한 것은
그 안에 담긴 가치를 알아보는 안목입니다.

105 안빈낙도 安貧樂道
사자성어
명언 필사 3

가난을[貧] 편안히[安] 여기고, 도를[道] 즐긴다[樂]

| 가난한 생활을 하면서도 편안한 마음으로 도를 지키며 즐김 |

안빈낙도를 직역하면 '가난을 편안히 여기고 도를 즐긴다'는 뜻입니다. 안빈(安貧)은 가난을 편안히 여기다 낙도(樂道)는 도를 즐긴다는 의미로, 가난하거나 물질적으로 부족하더라도 마음이 흔들리지 않고, 바른 길을 따르며 즐겁게 살아가는 태도를 말합니다.
즉, 물질적 조건은 부족하지만, 자신의 신념이나 가치를 지키며 평화롭게 살아가는 모습을 표현할 때 사용합니다.

• 관련된 성어
단사표음(簞食瓢飮) : 소박한 음식에도 만족하며 살아가는 삶.
안분지족(安分知足) : 편안한 마음으로 제 분수를 지키며 만족함을 앎.

예문 그 선생님은 **안빈낙도**로 살며 제자들에게 진리를 가르쳤다.

安	貧	樂	道
편안할 안	가난할 빈	즐거울 락(낙)	길 도

안빈낙도 安貧樂道

진정한 정의는 우리가 무엇을 소유했는지에 의해서가 아니라,
우리가 공정하게 나누는 방식에 의해서 결정된다.
사회의 진정한 풍요는 각 개인이 서로 존중하고
그들의 권리를 인정하는 데 있다.

- 존 롤스 (John Rawls) -

진정한 사회의 풍요로움은 물질적 소유에 있지 않고,
서로를 존중하며 공정하게 나누는 과정에서 이루어집니다.

106 궁여지책 窮餘之策

사자성어
명언 필사 3

궁한[窮] 나머지[餘] 내는 꾀[策]

| 매우 궁한 나머지 내는 꾀 |

궁여지책을 직역하면 '궁한 나머지 내는 꾀'라는 뜻입니다.
어쩔 수 없이 선택한 마지막 수단이나 방책을 의미하며, 상황이 몹시 절박하거나, 더 이상 다른 방법이 없을 때 짜내는 최후의 대책을 말합니다.
즉, 막다른 상황에서 어쩔 수 없이 짜내는 최후의 수단이나 방책을 표현할 때 사용합니다.

• 관련된 성어
고육지책(苦肉之策) : 고통을 감수하면서 내는 방법이나 대책.
궁여일책(窮餘一策) : 매우 궁한 나머지 내는 꾀.

예문 그 결정은 **궁여지책**에 불과해 근본적 해결이 안 된다.

窮　　餘　　之　　策

궁할 궁　　남을 여　　갈 지　　꾀 책

궁여지책 窮餘之策

당신이 가진 것을 다 써버렸다고 느낄 때,
당신 안에는 아직 쓰지 않은 힘이 남아 있다.

- 마야 안젤루 (Maya Angelou) -

당신이 모든 것을 잃었다고 느낄 때,
그 순간이야말로 당신 안에 숨겨진 마지막 힘을 발견할 때입니다.

107 용의주도 用意周到

사자성어
명언 필사 3

마음을[意] 써서[用] 두루[周] 미치다[到]

| 준비가 두루 미쳐 빈틈이 없다 |

용의주도를 직역하면 '마음을 써서 두루 미치게 하다'는 뜻입니다.
어떤 일을 처리할 때 미리 준비하고 세심하게 계획을 세운 상태에서 행동하는 것을 의미합니다.
즉, 주로 중요한 결정이나 일을 다룰 때 신중하고 세심한 준비를 의미하는 표현으로 사용됩니다.
이 표현은 긍정적인 의미로 사용되며, 특히 업무나 중요한 일에 대한 준비를 칭찬할 때 자주 쓰입니다.

• 관련된 성어

주도면밀(周到綿密) : 모든 일을 세심하게 준비하고 빈틈없이 처리.

예문 그는 **용의주도**하게 회의 자료를 준비했다.

用	意	周	到
쓸 용	뜻 의	두루 주	이를 도

◆◇◆
용의주도 用意周到

위대한 리더는 계획하고 준비하는 데 시간을 아끼지 않는다.
그들은 언제나 다음 단계를 예상하고 준비하며,
성공은 그 준비에서 비롯된다.

- 시몬 신 (Simon Sinek) -

성공은 철저한 준비와 계획에서 비롯되며,
이를 통해 예기치 않은 상황도 잘 대비할 수 있어야 합니다.

108 사자성어 명언 필사 3

일장춘몽 一場春夢

한바탕[一][場] 봄꿈[春][夢]

| 인간 세상의 덧없음을 비유적으로 이르는 말 |

일장춘몽을 직역하면 '한바탕의 봄꿈'이라는 뜻입니다.
매우 덧없고 허망한 일을 비유하는 말로, 잠시 동안의 즐거움이나 환상을 의미합니다. 이는 마치 봄날의 꿈처럼, 지나고 나면 아무런 흔적도 남지 않음을 나타냅니다.
이 표현은 일시적인 기쁨이나 환상, 덧없는 꿈과 같은 상황에서 사용됩니다.
즉, 현실적으로 이루기 어려운 목표나, 잠시의 즐거움 뒤에 오는 허무함을 표현할 때 쓰입니다.

• 관련된 성어

남가일몽(南柯一夢) : 덧없는 꿈이나 부귀영화를 이르는 말.

예문 그의 성공은 **일장춘몽**처럼 순간적으로 사라져 버렸다.

一	場	春	夢
한 일	마당 장	봄 춘	꿈 몽

일장춘몽 一場春夢

우리는 꿈속에서만 있을 수 있는
평화와 행복을 추구하며 살아가지만,
현실에서는 항상 불확실성과 갈등에 직면한다.

- 버트런드 러셀 (Bertrand Russell) -

우리는 꿈에서 찾은 평화와 행복을 현실에서도 추구하지만,
그 길은 언제나 불확실성과 갈등 속에 있음을 알아야 합니다.

109 풍수지탄 風樹之歎

사자성어 명언 필사 3

바람에[風] 흔들리는 나무의[樹][之] 탄식[歎]

| 인간 세상의 덧없음을 비유적으로 이르는 말 |

풍수지탄을 직역하면 '바람에 흔들리는 나무의 탄식'이라는 뜻입니다.
부모가 살아 있을 때 효도를 다하지 못하고, 그 후에 부모를 잃고 나서 그때서야 효도를 다하지 못한 것을 후회하며 탄식하는 상황을 의미합니다.
이 표현은 부모를 잃은 후에 그들의 가르침과 사랑을 다시 깨닫고, 그동안 제대로 효도하지 못한 것을 후회할 때 사용합니다.
또는 효도를 다하지 못한 것을 뒤늦게 후회할 때 표현할 수 있습니다.

• 관련된 성어

풍목지비(風木之悲) : 효도하고 싶어도 할 수 없는 슬픔.

예문 아버지가 돌아가시고 나서야 **풍수지탄**을 느끼며 뉘우쳤다.

風	樹	之	歎
바람 풍	나무 수	갈 지	탄식할 탄

풍수지탄 風樹之歎

부모님이 살아 계실 때는 그들의 뜻을 따르고,
돌아가신 후에는 그들의 가르침을 잊지 말아야 한다.

- 공자 (孔子) -

부모님 곁에 있을 때는 마음을 다해 따르고,
떠난 뒤에는 그 가르침을 삶으로 실천하며 살아야 합니다.

110 삼고초려 三顧草廬
사자성어
명언 필사 3

세 번[三] 초가집을[草][廬] 찾아감[顧]

| 인재를 맞아들이기 위하여 참을성 있게 노력함 |

삼고초려를 직역하면 '세 번 초가집을 찾아간다'는 뜻입니다.
삼고(三顧)는 세 번 찾아감, 초려(草廬)는 초가집을 의미합니다.
《삼국지》에서 유래한 고사성어로, 유비(劉備)가 제갈량(諸葛亮)을 초빙하기 위해 초가집을 세 번 찾아간 이야기에서 비롯되었습니다.
뛰어난 인재를 정성으로 극진히 모신다는 의미로, 예우와 간청을 강조하는 표현입니다.
이 표현은 필요한 인재나 협력자를 얻기 위해 여러 번 성의를 다해 찾아가고 정성을 다할 때 사용합니다.
특히 자신보다 높은 인재를 겸손히 초빙하는 태도를 상징하며, 리더의 품격을 평가할 때도 사용됩니다.

예문 CEO가 그 연구원을 **삼고초려** 끝에 팀에 합류시켰다.

三	顧	草	廬
석 삼	돌아볼 고	풀 초	오두막 려(여)

삼고초려 三顧草廬

훌륭한 사람을 얻으려면,
먼저 그 사람을 존중하는 법을 배워야 한다.
존중 없는 요청은 결코 진심을 얻지 못한다.

- 공자 (孔子) -

진심으로 사람의 마음을 얻고 싶다면,
먼저 존중으로 마음의 문을 열어야 합니다..

111 사자성어 명언 필사 3

감정지와 坎井之蛙
우물[坎][井] 속의[之] 개구리[蛙]

| 세상 형편에 어둡고 견문이 좁은 사람을 비유한 말 |

감정지와를 직역하면 '우물 속의 개구리'라는 뜻입니다.
좁은 우물 안에서만 세상을 바라보는 개구리처럼, 시야가 좁고 편협한 사람을 비유합니다.
즉, 자신이 아는 것이 전부라고 착각하며, 더 넓은 세상이나 타인의 관점을 이해하지 못하는 태도를 꼬집는 말입니다.
이 표현은 세상의 넓음을 모르고 자기 경험이나 지식만을 절대시하며, 편협한 시각으로 세상을 판단할 때 사용합니다.

• 관련된 성어
정저지와(井底之蛙) : 우물 바닥의 개구리.

예문 너무 **감정지와**처럼 생각하지 말고 다양한 분야에 관심을 가져봐.

坎	井	之	蛙
구덩이 감	우물 정	갈 지	개구리 와

감정지와 坎井之蛙

세상은 탐욕이 아니라,
시야가 좁은 비교와 질투에 의해 움직인다.

- 찰리 멍거 (Charlie Munger) -

세상은 끝없는 욕망보다, 좁은 시야에서 비롯된
비교와 질투가 더 많은 불행을 만들어 냅니다.

112 호사다마 好事多魔

사자성어
명언 필사 3

좋은[好] 일에는[事] 마귀가[魔] 많다[多]

| 좋은 일에는 흔히 시샘하는 듯이 안 좋은 일들이 많이 따름 |

호사다마를 직역하면 '좋은 일에는 마귀가 많다'라는 뜻입니다.
좋은 일이 생기려고 할 때, 뜻밖의 방해나 불운이 자주 따르기 마련이라는 뜻입니다.
즉, 순조롭게 가는 듯한 일이 끝까지 순탄하게만 흘러가지는 않는다는 삶의 아이러니를 표현한 말입니다.
이 표현은 좋은 일이 생기려 할 때 예상치 못한 방해나 불운이 생긴 상황에서, 경계하거나 아쉬움을 표현할 때 사용합니다.

• 관련된 성어

새옹지마(塞翁之馬): 인생의 길흉화복을 예측할 수 없다는 뜻.
전화위복(轉禍爲福): 재앙이 바뀌어 오히려 복이 된다는 뜻.

예문 **호사다마**라더니, 좋은 날 앞두고 일이 생기네.

好　　事　　多　　魔

좋을 호　　일 사　　많을 다　　마귀 마

호사다마 好事多魔

성공에 대해 가장 간과되는 진실은,
그것이 반드시 실패를 먼저 요구한다는 사실이다.

- 제임스 클리어 (James Clear) -

성공은 결코 순탄한 길만을 선물하지 않으며, 실패와 좌절을
경험한 뒤에야 비로소 성장이 이루어진다는 진리를 기억해야 합니다.

113 간악무도 奸惡無道

사자성어
명언 필사 3

간사하고[奸] 사악한데[惡] 도리조차[道] 없다[無]

| 간사하고 악독하며 도리에 어긋나서 막되다 |

간악무도를 직역하면 '간사하고 사악한데 도리조차 없다'는 뜻입니다.
간사하고 악독하여 인간으로서의 도리나 윤리조차 없는 상태를 말합니다.
즉, 비열하고 잔혹하며, 사람으로서 해서는 안 될 짓을 저지르는 극악한 행동이나 인물을 비판할 때 사용됩니다.

• 관련된 성어

극악무도(極惡無道): 지극히 악하고 도리가 없음.
포학무도(暴虐無道): 잔인하고 포악하며 도리가 없음.
흉악무도(凶惡無道): 흉악하고 무도함.

예문 권력을 남용해 부를 챙기는 **간악무도**한 정치인들을 용서할 수 없다.

奸	惡	無	道
간사할 간	악할 악	없을 무	길 도

간악무도 奸惡無道

가장 끔찍한 악은 악마적 열정보다,
아무 생각 없이 명령에 복종하는 평범한 사람들로부터 비롯된다.

- 한나 아렌트 (Hannah Arendt) -

가장 무서운 악은 피를 묻힌 손이 아니라,
침묵 속에 복종한 손에서 비롯된다는 사실입니다.

114 생면부지 生面不知
사자성어
명언 필사 3

낯선[生] 얼굴을[面] 알지[知] 못하다[不]

| 한 번도 만나 본 일이 없어 서로 전혀 알지 못함 |

생면부지를 직역하면 '낯선 얼굴을 알지 못하다'는 뜻입니다.
생면(生面)은 낯선 얼굴, 또는 처음 본 얼굴, 부지(不知)는 알 수 없음을 의미하는 말로, 서로 전혀 알지 못하고 전혀 관계가 없는 상태를 의미합니다.
즉, 주로 어떤 사람이 자신과 전혀 관련이 없거나, 다른 사람과의 관계에서 생소한 인물을 언급할 때 사용합니다.
또한 사람 사이의 무관심이나 이해 부족을 지적할 때도 쓰일 수 있습니다.

• 관련된 성어와 어휘

초면(初面): 처음으로 대하는 얼굴.
일면부지(一面不知): 한 번도 만나 본 일이 없어 서로 전혀 알지 못함.

예문 **생면부지**인 내게 그분들은 과분한 친절을 베풀어 주셨다.

生	面	不	知
날 생	낯 면	아니 불	알 지

생면부지 生面不知

우리는 같은 세상에 살지만,
서로를 전혀 알지 못한 채 공존한다.
정치란 낯선 사람들과 함께 사는 예술이다.

- 한나 아렌트 (Hannah Arendt) -

우리는 타인의 삶을 온전히 알 수 없기에,
늘 낯선 이들과 공존하는 법을 배워야 합니다.

115
사자성어
명언 필사 3

고군분투 孤軍奮鬪

외로운[孤] 군대가[軍] 떨치며[奮] 싸운다[鬪]

| 적은 인원이나 약한 힘으로 도움을 받지 않고 벅찬 일을 잘 해내다 |

고군분투를 직역하면 '외로운 군대가 떨치며 싸운다'는 뜻입니다.
고군(孤軍)은 외로운 군대, 분투(奮鬪)는 떨치며 싸우다는 의미로, 아무의 도움도 받지 못한 채 혼자 힘겹게 싸우는 상황을 비유한 말입니다.
즉, 홀로 역경을 헤치며 분투하는 모습이나, 불리한 상황에서 외롭게 최선을 다하는 의지를 강조할 때 주로 사용됩니다.

• 관련된 성어와 어휘

고립무원(孤立無援) : 외롭고 도움 없는 상태.
역경 (逆境) : 어려움을 이겨내다.

예문 그는 아무도 도와주지 않는 환경에서 **고군분투**하며 연구를 이어갔다.

孤	軍	奮	鬪
외로울 고	군사 군	떨칠 분	싸움 투

고군분투 孤軍奮鬪

당신이 누구든, 어떤 길이든,
가끔은 혼자만의 싸움을 견뎌야 할 때가 있다.
그때 필요한 건, 남들의 인정보다 자기 자신에 대한 존중이다.

- 지지 핫디드 (Gigi Hadid) -

어떤 길을 가든, 때로는 혼자의 싸움을 견뎌야 하며,
중요한 것은 다른 사람의 인정이 아닌 자신에 대한 진정한 존중입니다.

찾아보기

ㄱ
각주구검	刻舟求劍	178
간악무도	奸惡無道	234
감정지와	坎井之蛙	230
갑론을박	甲論乙駁	210
건곤일척	乾坤一擲	198
견마지로	犬馬之勞	176
결초보은	結草報恩	194
계명구도	鷄鳴狗盜	172
고군분투	孤軍奮鬪	238
고목발영	枯木發榮	82
고성낙일	孤城落日	184
고장난명	孤掌難鳴	208
고진감래	苦盡甘來	140
곡학아세	曲學阿世	16
공사다망	公私多忙	150
과유불급	過猶不及	90
궁서설묘	窮鼠囓猫	182
궁여지책	窮餘之策	220
금의환향	錦衣還鄕	112
기화가거	奇貨可居	60

ㄴ
난상토론	爛商討論	132
낭중지추	囊中之錐	98

ㄷ
다사다난	多事多難	62
도청도설	道聽塗說	76
동가홍상	同價紅裳	216
동분서주	東奔西走	32
동서고금	東西古今	200
두문불출	杜門不出	22

ㅁ
매관매직	賣官賣職	74
매점매석	買占賣惜	72
명실상부	名實相符	108
명철보신	明哲保身	36
목불인견	目不忍見	100
무용지물	無用之物	38
미풍양속	美風良俗	28

ㅂ
박학다식	博學多識	70
발본색원	拔本塞源	126
백골난망	白骨難忘	80
백구과극	白駒過隙	14
백면서생	白面書生	188
백의종군	白衣從軍	160
변화무쌍	變化無雙	94
부화뇌동	附和雷同	88
분기충천	憤氣衝天	152
불문곡직	不問曲直	110
불철주야	不撤晝夜	128
비일비재	非一非再	10

ㅅ
사분오열	四分伍裂	30
삼고초려	三顧草廬	228
삼인성호	三人成虎	164
상전벽해	桑田碧海	118
생면부지	生面不知	236
속수무책	束手無策	104
시종일관	始終一貫	196
실사구시	實事求是	136
심사숙고	深思熟考	92

ㅇ
안빈낙도	安貧樂道	218
안하무인	眼下無人	214
앙천대소	仰天大笑	148
애걸복걸	哀乞伏乞	56
언어도단	言語道斷	78
언행일치	言行一致	138
오리무중	伍里霧中	54

오불관언 吳不關焉	106	
와신상담 臥薪嘗膽	86	
요령부득 要領不得	114	
요지부동 搖之不動	50	
용의주도 用意周到	222	
우문현답 愚問賢答	144	
우여곡절 迂餘曲折	122	
유비무환 有備無患	44	
유야무야 有耶無耶	40	
유야무야 有耶無耶	158	
이전투구 泥田鬪狗	174	
이해득실 利害得失	202	
인과응보 因果應報	154	
일맥상통 一脈相通	12	
일목요연 一目瞭然	116	
일언반구 一言半句	124	
일장춘몽 一場春夢	224	
일조일석 一朝一夕	46	
일취월장 日就月將	26	
일파만파 一波萬波	20	
일확천금 一攫千金	58	

ㅈ

자강불식 自强不息	192
자력갱생 自力更生	52

자중자애 自重自愛	102
자초지종 自初至終	18
자화자찬 自畫自讚	130
절체절명 絶體絶命	142
점입가경 漸入佳境	166
종횡무진 縱橫無盡	34
주객전도 主客顚倒	204
주경야독 晝耕夜讀	84
주마가편 走馬加鞭	180
중과부적 衆寡不敵	206
지지부진 遲遲不進	146

ㅊ

천신만고 千辛萬苦	190
천편일률 千篇一律	96
청운지지 靑雲之志	162

ㅌ

탁상공론 卓上空論	134
태평성대 太平聖代	48

ㅍ

파란만장 波瀾萬丈	120
팔방미인 八方美人	66
평지풍파 平地風波	24

포호빙하 暴虎馮河	170
풍수지탄 風樹之歎	226
피골상접 皮骨相接	68
피차일반 彼此一般	64

ㅎ

호사다마 好事多魔	232
호시탐탐 虎視眈眈	168
호언장담 豪言壯談	42
환골탈태 換骨奪胎	156
횡설수설 橫說竪說	212
후인무치 厚顔無恥	186

깨닫고 ──── 성찰하는
사자성어
명언 필사

초판 1쇄 펴낸날 2025년 8월 1일

지은이 김한수
펴낸이 이종근
펴낸곳 도서출판 하늘아래

주소 경기도 고양시 일산동구 하늘마을로 57- 9 3층 302호
전화 (031) 976-3531
팩스 (031) 976-3530
이메일 haneulbook@naver.com
등록번호 제300-2006-23호

ISBN 979-11-5997-120-4 (04700)
ISBN 979-11-5997-112-9 (세트)

*잘못 만들어진 책은 바꾸어 드립니다.
*이 책의 저작권은 도서출판 하늘아래에 있습니다.
*하늘아래의 서면 등인 없는 무단 전재 및 복제를 금합니다.